中华人民共和国法律法规释义

权威专家编写
释义标准版本

碳排放权交易管理暂行条例释义

张要波 赵 柯 夏应显/主编

法律出版社
——北京——

图书在版编目(CIP)数据

碳排放权交易管理暂行条例释义／张要波，赵柯，夏应显主编．－－北京：法律出版社，2024

ISBN 978-7-5197-9087-5

Ⅰ．①碳… Ⅱ．①张… ②赵… ③夏… Ⅲ．①二氧化碳－排污交易－条例－法律解释－中国 Ⅳ．①D922.685

中国国家版本馆 CIP 数据核字（2024）第 081973 号

碳排放权交易管理暂行条例释义 TAN PAIFANGQUAN JIAOYI GUANLI ZANXING TIAOLI SHIYI	张要波　赵　柯　夏应显　主编	责任编辑　翁潇潇　张红蕊 装帧设计　李　瞻

出版发行　法律出版社	开本　710 毫米×1000 毫米　1/16
编辑统筹　法规出版分社	印张　19.25　　　字数　223 千
责任校对　王晓萍	版本　2024 年 5 月第 1 版
责任印制　耿润瑜	印次　2024 年 5 月第 1 次印刷
经　　销　新华书店	印刷　北京中科印刷有限公司

地址：北京市丰台区莲花池西里 7 号（100073）

网址：www.lawpress.com.cn　　　　　　　　销售电话：010-83938349

投稿邮箱：info@lawpress.com.cn　　　　　　客服电话：010-83938350

举报盗版邮箱：jbwq@lawpress.com.cn　　　　咨询电话：010-63939796

版权所有·侵权必究

书号：ISBN 978-7-5197-9087-5　　　　　　　定价：68.00 元

凡购买本社图书，如有印装错误，我社负责退换。电话：010-83938349

编 委 会

主　编　张要波　赵　柯　夏应显

副主编　田超奇　王　炜　逯世泽

撰稿人　(按姓氏拼音排序)
　　　　　别　涛　曹园树　邓朝阳　金　玲
　　　　　刘　峰　刘文博　秦　琴　宋二猛
　　　　　王鸿雁　王　力　王　铁　王晓密
　　　　　闻　闽　张乃月　张　昕　朱　磊

前　　言

2024年1月25日，国务院总理李强签署第775号国务院令，公布《碳排放权交易管理暂行条例》，自2024年5月1日起施行。

《碳排放权交易管理暂行条例》首次以行政法规的形式明确了碳排放权交易市场制度，具有里程碑意义。《碳排放权交易管理暂行条例》的出台是落实党中央、国务院对全国碳排放权交易市场建设决策部署的重要举措，对我国双碳目标实现和推动全社会绿色低碳转型具有重要的意义，将为加快建设更加有效、更有活力、更具国际影响力的碳市场提供有力的法治保障。

2018年党和国家机构改革以来，司法部、生态环境部在深入调查研究、广泛听取意见的基础上，起草了条例草案，并就重要制度进行反复论证，修改完善相关内容。《碳排放权交易管理暂行条例》总结实践经验，坚持全流程管理，明确监督管理体制、构建碳排放权交易管理基本制度框架、防范和惩处碳排放数据造假行为，保障碳排放权交易政策功能的发挥。

为了学习宣传和贯彻落实《碳排放权交易管理暂行条例》，司法部、生态环境部参与起草工作的同志编写了《碳排放权交易管理暂行条例释义》,力求准确阐明立法原意,为读者更好地学习、理解、把握法规内容提供帮助。

由于时间和水平有限,书中难免有不足之处,恳请读者批评指正。

编 者
2024 年 4 月

目　　录

第一部分　释　　义

第一条　【立法目的】 …………………………………… 003
第二条　【适用范围】 …………………………………… 007
第三条　【基本原则及国际合作与交流】 ……………… 010
第四条　【碳排放权交易及相关活动的监督管理体制】 ……… 013
第五条　【全国碳排放权注册登记机构和全国碳排放权交易机构的法律地位和职责及监督管理】 ……… 016
第六条　【碳排放权交易覆盖范围和交易产品】 ……… 021
第七条　【碳排放权交易主体和禁止参与碳排放权交易的人员】 ……………………………………… 024
第八条　【重点排放单位的确定】 ……………………… 026
第九条　【碳排放配额分配】 …………………………… 028
第十条　【征求意见的程序性规定】 …………………… 032
第十一条　【检验检测、核算排放数据并报告和信息公开】 ………………………………………… 033

第十二条	【对重点排放单位温室气体年度排放报告进行核查】	041
第十三条	【规范技术服务机构活动管理】	045
第十四条	【重点排放单位碳排放配额清缴义务和相应权利】	050
第十五条	【碳排放权交易方式及禁止操纵市场、扰乱市场秩序】	054
第十六条	【全过程监督、信息共享】	060
第十七条	【现场检查】	062
第十八条	【举报】	066
第十九条	【监管人员行为规范】	068
第二十条	【违法参与碳排放权交易的法律责任】	070
第二十一条	【重点排放单位未按规定制定数据质量控制方案等行为的法律责任】	074
第二十二条	【重点排放单位未按规定统计核算排放量等行为的法律责任】	077
第二十三条	【技术服务机构弄虚作假的法律责任】	082
第二十四条	【重点排放单位未按规定清缴碳排放配额的法律责任】	088
第二十五条	【操纵全国碳排放权交易市场和扰乱全国碳排放权交易市场秩序的法律责任】	090
第二十六条	【拒绝、阻碍监督检查的法律责任】	093
第二十七条	【碳市场交易主体、技术服务机构的信用管理制度】	096

第二十八条 【民事、行政、刑事责任】………………………… 100

第二十九条 【对地方碳排放权交易市场管理的要求】……… 103

第三十条 【条例相关名词解释】……………………………… 107

第三十一条 【重点排放单位消耗非化石能源电力配额和
　　　　　　 排放量调整】……………………………………… 109

第三十二条 【主管部门对民用航空等行业的重点排放单
　　　　　　 位名录等制定具体管理办法】…………………… 110

第三十三条 【施行时间】……………………………………… 112

第二部分　附　　录

司法部、生态环境部负责人就《碳排放权交易管理暂行条例》
　答记者问 …………………………………………………… 117
碳排放权交易管理办法（试行）……………………………… 122
温室气体自愿减排交易管理办法（试行）…………………… 132
碳排放权登记管理规则（试行）……………………………… 148
碳排放权交易管理规则（试行）……………………………… 154
碳排放权结算管理规则（试行）……………………………… 161
企业温室气体排放报告核查指南（试行）…………………… 166
企业温室气体排放核查技术指南　发电设施 ……………… 193
企业温室气体排放核算与报告指南　发电设施 …………… 245

第一部分　释　义

> **第一条** 为了规范碳排放权交易及相关活动,加强对温室气体排放的控制,积极稳妥推进碳达峰碳中和,促进经济社会绿色低碳发展,推进生态文明建设,制定本条例。

【释义】 本条是关于条例立法目的的规定。

党中央、国务院高度重视应对气候变化工作。习近平总书记强调,应对气候变化不是别人要我们做,而是我们自己要做,是中国可持续发展的内在要求,也是负责任大国应尽的国际义务。要积极稳妥地推进碳达峰碳中和,建成更加有效、更有活力、更具国际影响力的碳市场。

建设统一的全国碳排放权交易市场,是推动我国经济社会绿色化、低碳化发展的重大制度创新。党的二十大报告、《中共中央 国务院关于完整准确全面贯彻新发展理念做好碳达峰碳中和工作的意见》以及《中共中央 国务院关于全面推进美丽中国建设的意见》等文件中,都对全国碳排放权交易市场建设提出了明确的要求。全国碳排放权交易市场机制不仅可以发挥市场在碳排放资源配置中的决定性作用,还可以实现有效市场和有为政府的有机结合,是实现全社会降低碳成本的政策工具。

生态环境部在深入调查研究、广泛听取意见的基础上,起草了《碳排放权交易管理暂行条例(草案送审稿)》。司法部先后两次征求有关部门和单位、地方政府、有关企业和行业协会以及研究机构和专家学者等方面的意见,开展实地调研,在此基础上会同生态环境部反复研究修改,形成了草案。2024年1月5日,国务院第23

次常务会议审议通过了《碳排放权交易管理暂行条例》。1月25日，李强总理签署了第775号国务院令，公布了《碳排放权交易管理暂行条例》，自2024年5月1日起施行。本条例首次以行政法规的形式明确了碳排放权市场交易制度，具有里程碑意义。考虑到全国碳市场是新生事物，应当借鉴国际经验和地方做法，分阶段、分步骤地有序推进市场建设，现阶段相应的监管制度还不完全成熟定型，需要总结实践经验，及时调整优化，参照《快递暂行条例》《无人驾驶航空器飞行管理暂行条例》等立法经验，将条例定位为"暂行条例"。本条例重点就体制机制、规范交易活动、保障数据质量、惩处违法行为等诸多方面作出了明确规定，为我国碳市场健康发展提供了强大的法治保障，开启了我国碳市场的法治新局面。本条例的出台对我国双碳目标实现和推动全社会绿色低碳转型具有重要的意义。

本条开宗明义地明确了制定条例所要实现的价值和所要达到的目标。本条例的立法目的是：

一、规范碳排放权交易及相关活动，加强对温室气体排放的控制

近年来，我国碳排放权交易市场建设稳步推进。2011年10月在北京、天津、上海、重庆、广东、湖北、深圳等地启动地方碳排放权交易市场试点工作。2017年12月经国务院同意，印发《全国碳排放权交易市场建设方案（发电行业）》。按照党中央、国务院的决策部署，全国碳排放权交易市场选择了以发电行业为突破口，2021年7月正式启动上线交易，目前已经顺利完成了两个履约周期，第一个履约周期是2019—2020年，第二个履约周期是2021—

2022年。目前看，实现了预期的建设目标。截至2023年底，全国碳排放权交易市场覆盖年二氧化碳排放量约51亿吨，纳入重点排放单位2257家，成为全球覆盖温室气体排放量最大的碳排放权交易市场。截至2023年底，全国碳排放权交易市场累计成交量约4.4亿吨，成交额约249亿元。第二个履约周期成交量比第一个履约周期增长了19%，成交额比第一个履约周期增长了89%。碳价整体呈现平稳上涨态势，由启动时的每吨48元上涨至每吨80元左右，上涨67%左右。碳排放权交易的政策效应初步显现。与此同时，全国碳排放权交易市场制度建设方面的短板日益明显。此前我国还没有关于碳排放权交易管理的法律、行政法规，全国碳排放权交易市场运行管理依据国务院有关部门的规章、文件执行，立法位阶较低，权威性不足，难以满足规范交易活动、保障数据质量、惩处违法行为等实际需要，因此，急需制定专门行政法规，为全国碳排放权交易市场运行管理提供明确法律依据。本条例的制定旨在规范、保障和促进全国碳排放权交易市场的健康发展，实现通过市场机制控制和减少二氧化碳等温室气体排放的目的。

二、积极稳妥推进碳达峰碳中和，促进经济社会绿色低碳发展

实现碳达峰碳中和，是党中央作出的重大战略决策部署。碳排放权交易是通过市场机制助力推动经济社会绿色低碳发展、推进实现碳达峰碳中和的重要政策工具。党中央、国务院高度重视全国碳排放权交易市场建设，出台多个文件对此作出部署。党的二十大报告指出，要完善碳排放统计核算制度，健全碳排放权市场交易制度。《中共中央　国务院关于完整准确全面贯彻新发展理念做好碳达峰碳中和工作的意见》提出,"把碳达峰、碳中和纳入经济社会发展全局,以经济社会发展全面绿色转型为引领,以能源绿色低碳发展为关键,加快形成节约资源和保护环境的产业结构、生产方式、生活方式、空间格局,坚定不移走生态优先、绿色低碳的高质量发展道路,确保如期实现碳达峰、碳中和""加快建设完善全国碳排放权交易市场,逐步扩大市场覆盖范围,丰富交易品种和交易方式,完善配额分配管理"。《国务院关于印发2030年前碳达峰行动方案的通知》(国发〔2021〕23号)提出,"加快实现生产生活方式绿色变革,推动经济社会发展建立在资源高效利用和绿色低碳发展的基础之上,确保如期实现2030年前碳达峰目标""建立健全市场化机制。发挥全国碳排放权交易市场作用,进一步完善配套制度,逐步扩大交易行业范围"。《中共中央 国务院关于全面推进美丽中国建设的意见》提出,"积极稳妥推进碳达峰碳中和。有计划分步骤实施碳达峰行动,力争2030年前实现碳达峰,为努力争取2060年前实现碳中和奠定基础……推动能耗双控逐步转向碳排放总量和强度双控,加强碳排放双控基础能力和制度建设……进一步发展全国碳市场,稳步扩大行业覆盖范围,丰富交易品种和方式,建设完善全国温室气体自愿减排交易市场。到2035年,非化石能源占能源消费总量比重进一步提高,建成更加有效、更有活力、更具国际影响力的碳市场"。全国碳排放权交易市场启动两年半以来,总体运行平稳,制度规范日趋完善,市场活跃度逐步提升,碳排放数据质量全面改善,碳排放管理能力明显提升,价格发现机制作用日益显现。全国碳排放权交易市场在促进企业减排温室气体、推动行业绿色低碳转型高质量发展的同时,也为全社会开展气候投融资、碳资产管理等碳定价活动锚定了基准价格，推动社会各界关注应对气候变化工作，积极参与降碳、减污、扩绿、增长，推动生产生活方式的低碳化、绿色化，从而推动全社会的绿色低碳发展。贯彻落实党中央、国务院有关文件要求，结合碳排放权交易的政策功能，本条例将"积极稳妥推进碳达峰碳中和，促进经济社会绿色低碳发展"作为立法目的之一。

三、推进生态文明建设

党中央、国务院历来高度重视生态文明建设，作出了一系列重大战略部署。特别是党的十八大以来，习近平总书记就生态文明建设提出了一系列重要论述，形成了习近平生态文明思想。习近平总书记在2023年全国生态环境保护大会上的重要讲话中指出，我国经济社会发展已进入加快绿色化、低碳化的高质量发展阶段，生态文明建设仍处于压力叠加、负重前行的关键期。必须以更高站位、更宽视野、更大力度来谋划和推进新征程生态环境保护工作，谱写新时代生态文明建设新篇章。要强化法治保障，统筹推进生态环境、资源能源等领域相关法律制修订。本条例的制定坚持以习近平生态文明思想为指导，贯彻落实全国生态环境保护大会重要精神，将"推进生态文明建设"作为立法目的之一。

第二条　本条例适用于全国碳排放权交易市场的碳排放权交易及相关活动。

【释义】　本条是关于条例适用范围的规定。

行政法规的适用范围，也称行政法规的效力范围，包括时间效力，即从什么时候开始发生效力和什么时候失效；空间效力，即适用的地域范围；对人、事的效力，即对什么人、什么行为适用。一般来说，行政法规的空间效力范围，除明确适用于部分流域、区域等特定地域外，如《淮河流域水污染防治暂行条例》明确仅适用于淮河流域，都是指中华人民共和国领域，有的还涉及管辖的其他海域，如《海洋观测预报管理条例》《煤矿安全生产条例》等。本条例应当适用于中华人民共和国领域。关于本条例的时间效力范围，本条例第33条已作了明确规定。本条主要对本条例适用的事的范围作了规定，即本条例适用于全国碳排放权交易市场的碳排放权交易及相关活动，也就是说，地方碳排放权交易市场的碳排放权交易及相关活动不适用本条例的规定。这里有两个问题需要把握：

一、本条例的适用范围

本条例适用于在全国碳排放权交易市场从事碳排放权交易及相关活动的主体。主要包括：一是本条例第7条第1款规定的重点排放单位和符合国家有关规定的其他主体，这是直接参与碳排放权交易的主体。二是生态环境主管部门和其他对碳排放权交易及相关活动负有监督管理职责的部门、全国碳排放权注册登记机构和全国碳排放权交易机构以及本条例规定的技术服务机构，这是从事碳排放权交易相关活动的主体。本条例规定的碳排放权交易及相关活动，主要指的是碳排放权交易覆盖的温室气体种类和行业范围的确定、重点排放单位的确定、碳排放配额的分配、温室气体年度排放报告的编制与核查、碳排放配额的清缴和市场交易，以及主管部门监督管理等活动。

二、地方碳排放权交易市场的碳排放权交易及相关活动的管理依据

我国的碳排放权交易市场建设从地方试点起步。2011年10月国家发展改革委（原国家应对气候变化主管部门）印发《国家发展改革委办公厅关于开展碳排放权交易试点工作的通知》（发改办气候〔2011〕2601号），组织在北京、天津、上海、重庆、广东、湖北和深圳7个地方启动碳排放权交易市场建设试点工作，为建设全国统一碳排放权交易市场探索积累实践经验。此外，为贯彻落实《国家生态文明试验区（福建）实施方案》，进一步发挥福建的生态优势，2016年9月福建省人民政府印发《福建省碳排放权交易市场建设实施方案》，启动了福建省碳排放权交易市场建设。经国务院同意，2017年12月国家发展改革委（原国家应对气候变化主管部门）印发《全国碳排放权交易市场建设方案（发电行业）》。2021年7月全国碳排放权交易市场正式上线交易。目前，我国有1个统一的全国碳排放权交易市场和8个地方碳排放权交易市场在运行。本条例只适用于统一的全国碳排放权交易市场，不适用于北京、天津、上海、重庆、广东、湖北和深圳以及福建等8个地方碳排放权交易市场。前述8个地方均已制定出台了碳排放权交易管理的相关地方立法或者规范性文件，作为本行政区域内碳排放权交易市场运行管理的依据。同时，依据本条例第29条第1款规定，本条例施行后，前述8个地方应当参照本条例的规定，健全完善有关管理制度，加强对本行政区域范围内碳排放权交易市场的监督管理。

> **第三条** 碳排放权交易及相关活动的管理，应当坚持中国共产党的领导，贯彻党和国家路线方针政策和决策部署，坚持温室气体排放控制与经济社会发展相适应，坚持政府引导与市场调节相结合，遵循公开、公平、公正的原则。
>
> 国家加强碳排放权交易领域的国际合作与交流。

【释义】 本条是关于碳排放权交易及相关活动管理工作的基本原则以及加强碳排放权交易领域国际合作与交流的规定。

一、坚持中国共产党的领导

2019年印发的《中共中央关于加强党的政治建设的意见》明确提出，"贯彻落实宪法规定，制定和修改有关法律法规要明确规定党领导相关工作的法律地位""注重运用法治思维和法治方式治国理政，善于使党的主张通过法定程序成为国家意志、转化为法律法规，自觉把党的领导活动纳入制度轨道"。目前党的领导入法入规已成为立法的普遍性要求。贯彻落实党中央有关文件精神，本条第1款旗帜鲜明地强调坚持党的领导。

二、贯彻党和国家路线方针政策和决策部署

党的二十大报告对积极稳妥推进碳达峰碳中和作出战略部署，明确提出健全碳排放权市场交易制度。《中共中央 国务院关于完整准确全面贯彻新发展理念做好碳达峰碳中和工作的意见》、《国务院关于印发2030年前碳达峰行动方案的通知》（国发〔2021〕23号）、《中共中央 国务院关于全面推进美丽中国建设的意见》等

文件都对全国碳排放权交易市场建设提出了明确要求，"加快建设完善全国碳排放权交易市场，逐步扩大市场覆盖范围，丰富交易品种和交易方式，完善配额分配管理""建立健全市场化机制。发挥全国碳排放权交易市场作用，进一步完善配套制度，逐步扩大交易行业范围""建成更加有效、更有活力、更具国际影响力的碳市场"。全国碳排放权交易市场的建设应当服务保障实现碳达峰碳中和目标，要将党中央和国务院关于全国碳排放权交易市场建设的重大决策部署和具体工作要求贯彻落实到碳排放权交易及相关活动管理工作的全过程和各环节。因此，本条第1款对贯彻落实党和国家路线方针政策和决策部署作了明确规定。

三、坚持温室气体排放控制与经济社会发展相适应，坚持政府引导与市场调节相结合，遵循公开、公平、公正的原则

借鉴国际经验和总结地方试点做法，从全国碳排放权交易市场建设的实际出发，本条第1款归纳了碳排放权交易及相关活动管理工作应当坚持的三个基本原则。一是温室气体排放控制与经济社会发展相适应，即要处理好温室气体减排与经济社会发展的关系。减排不是减生产力，也不是不排放，而是要走生态优先、绿色低碳发展道路，在经济发展中促进绿色转型、在绿色转型中实现更大发展。要坚持统筹谋划，在降碳的同时确保能源安全、产业链供应链安全、粮食安全，确保群众正常生活。比如，本条例第6条对碳排放权交易覆盖范围作了规定。研究纳入碳排放权交易覆盖的行业范围和温室气体种类时，必须统筹考虑国家温室气体排放控制目标和经济社会发展阶段。根据国家温室气体排放控制目标，充分考虑行

业发展阶段的现实,并慎重评估对经济社会发展的影响,在不影响经济社会平稳健康发展的前提下,分阶段、分步骤地有序推进。二是政府引导与市场调节相结合,即要处理好政府与市场的关系。全国碳排放权交易市场作为一种强制性市场,其建设必须坚持政府和市场两手发力,推动有为政府和有效市场更好地结合。本条例在制度设计上,一方面坚持全流程管理,覆盖碳排放权交易各主要环节,避免制度空白和盲区,为全国碳排放权交易市场的健康发展提供必要法治保障;另一方面立足全国碳排放权交易市场总体属于新事物、仍在继续探索的实际情况,重在构建基本制度框架,保留必要的制度弹性,为今后的市场发展留有空间。三是公开、公平、公正的原则,这三者是一个相互联系、不可分割的统一整体。按照该原则的要求,本条例规定了一系列具体的制度措施。比如,全国碳排放权注册登记和交易的收费项目、收费标准和管理办法应当向社会公开,重点排放单位的确定条件和年度重点排放单位名录应当向社会公布,重点排放单位应当按照国家有关规定向社会公开其年度排放报告中的排放量、排放设施、统计核算方法等信息等。这些规定既有利于社会各界加强对政府碳排放权交易管理工作的监督,防止不作为、乱作为的现象发生,也有利于重点排放单位之间相互监督,防止不公平、不公正的现象发生。

四、加强碳排放权交易领域的国际合作与交流

本条第2款专门就加强碳排放权交易领域的国际合作与交流作了规定。《中共中央 国务院关于完整准确全面贯彻新发展理念做好碳达峰碳中和工作的意见》对加强碳达峰碳中和工作领域的国际合作与交流作了明确部署，提出"积极参与应对气候变化国际谈判，坚持我国发展中国家定位，坚持共同但有区别的责任原则、公平原则和各自能力原则，维护我国发展权益。履行《联合国气候变化框架公约》及其《巴黎协定》，发布我国长期温室气体低排放发展战略，积极参与国际规则和标准制定，推动建立公平合理、合作共赢的全球气候治理体系。加强应对气候变化国际交流合作，统筹国内外工作，主动参与全球气候和环境治理"。我国高度重视碳市场领域的国际合作与交流，已经与多个国家和地区还有国际组织建立了良好的碳市场交流合作关系。在本条例征求意见过程中，有意见提出，建议贯彻落实党中央、国务院有关文件要求，增加有关加强碳市场国际合作与交流的内容。本条第2款采纳了有关方面的意见，对国家加强碳排放权交易领域的国际合作与交流作了原则性规定。

> **第四条** 国务院生态环境主管部门负责碳排放权交易及相关活动的监督管理工作。国务院有关部门按照职责分工，负责碳排放权交易及相关活动的有关监督管理工作。
>
> 地方人民政府生态环境主管部门负责本行政区域内碳排放权交易及相关活动的监督管理工作。地方人民政府有关部门按照职责分工，负责本行政区域内碳排放权交易及相关活动的有关监督管理工作。

【释义】 本条是关于碳排放权交易及相关活动的监督管理体制的规定。

一、明确监督管理体制

明确监督管理体制是加强碳排放权交易管理的重要方面，也是制定本条例的重要目的之一。本条根据统一管理、分工负责的原则，对国务院生态环境主管部门、国务院有关部门和地方人民政府生态环境主管部门、地方人民政府有关部门在碳排放权交易及相关活动监督管理方面的职责作了规定。关于生态环境主管部门作为履行碳排放权交易及相关活动监督管理职责的机构，要注意把握以下问题：一是依据本条例有关规定，碳排放权交易及相关活动的监督管理工作主要由国务院生态环境主管部门和省级人民政府生态环境主管部门负责。具体来说，国务院生态环境主管部门的主要职责是：会同国务院有关部门组建全国碳排放权注册登记机构和全国碳排放权交易机构并加强对两个机构的监督管理、研究提出碳排放权交易覆盖的温室气体种类和行业范围、制定重点排放单位确定条件、制定年度碳排放配额总量和分配方案；建立全国碳排放权交易市场管理平台，加强对碳排放权交易及相关活动的全过程监管等。省级人民政府生态环境主管部门的主要职责是：会同同级有关部门制定本行政区域年度重点排放单位名录、根据年度碳排放配额总量和分配方案向本行政区域内的重点排放单位发放碳排放配额；对本行政区域内重点排放单位报送的年度排放报告进行核查等。此外，设区的市级人民政府生态环境主管部门主要职责是对重点排放单位等交易主体、本条例规定的技术服务机构进行现场检查等。二是根据2016年中共中央办公厅、国务院办公厅印发的《关于省以下环保机构监测监察执法垂直管理制度改革试点工作的指导意见》，县级环保局已调整为市级环保局的派出分局。考虑到目前正在进一步深化推进省以下生态环境机构监测监察执法垂直管理制度改革，为给下一步的改革预留空间，本条第2款关于地方生态环境主管部门层级的规定采用了原则表述，未作明确限定。

二、涉及的有关部门

碳排放权交易及相关活动的监督管理涉及的职能部门较多，并且随着全国碳排放权交易市场的发展，碳排放权交易及相关活动涉及的行业范围、主体范围等还将不断扩大，其监督管理涉及的职能部门也将不断增多，本条无法做到悉数列举。经反复研究，并与有关方面沟通协调达成一致，本条采用了通用的原则表述，即规定有关部门按照职责分工负责碳排放权交易及相关活动的有关监督管理工作，既为有关部门按照部门"三定"方案履行碳排放权交易及相关活动的监督管理职责提供了法定依据，又防止出现顾此失彼、挂一漏万的情况。从目前碳排放权交易及相关活动的监督管理工作实践看，这里的"有关部门"主要包括发展改革、工业和信息化、财政、自然资源、住房和城乡建设、交通运输、人民银行、市场监督管理、银行业监督管理、统计、能源、林业和草原、民用航空等部门。

此外，需要指出的是，本条第2款规定的本行政区域内碳排放权交易及相关活动的监督管理对象，指的是本行政区域内的纳入全国碳排放权交易市场的重点排放单位等交易主体以及本条例规定的有关技术服务机构，不包括地方碳排放权交易市场上的相关主体。此外，目前，全国碳排放权注册登记机构、全国碳排放权交易机构分别位于湖北和上海,但对这两个机构监督管理的职权不在地方,而是由国务院生态环境主管部门会同国务院市场监督管理部门、中国人民银行和国务院银行业监督管理机构负责。

> 第五条　全国碳排放权注册登记机构按照国家有关规定,负责碳排放权交易产品登记,提供交易结算等服务。全国碳排放权交易机构按照国家有关规定,负责组织开展碳排放权集中统一交易。登记和交易的收费应当合理,收费项目、收费标准和管理办法应当向社会公开。
>
> 全国碳排放权注册登记机构和全国碳排放权交易机构应当按照国家有关规定,完善相关业务规则,建立风险防控和信息披露制度。
>
> 国务院生态环境主管部门会同国务院市场监督管理部门、中国人民银行和国务院银行业监督管理机构,对全国碳排放权注册登记机构和全国碳排放权交易机构进行监督管理,并加强信息共享和执法协作配合。
>
> 碳排放权交易应当逐步纳入统一的公共资源交易平台体系。

【释义】 本条是关于全国碳排放权注册登记机构和全国碳排放权交易机构的法律地位和职责及其监督管理的规定。

一、全国碳排放权注册登记机构和全国碳排放权交易机构的组建情况

按照党中央、国务院的决策部署,2017年12月国家发展改革

委（原国家应对气候变化主管部门）与湖北、上海及北京、天津、江苏、福建、广东、重庆、深圳等9省市共同签署《关于全国碳排放权注册登记系统建设和运维工作的合作原则协议》和《关于全国碳排放权交易系统建设和运维工作的合作原则协议》，明确由湖北、上海分别牵头负责全国碳排放权注册登记系统和全国碳排放权交易系统的建设和运维工作，其他7省市自愿参与。2018年机构改革以来，生态环境部继续督促湖北和上海两地积极推动两个系统建设及管理机构的筹建工作。2021年5月生态环境部通过公告形式明确全国碳排放权注册登记机构成立前，由湖北碳排放权交易中心承担全国碳排放权注册登记系统账户开立和运行维护等具体工作。全国碳排放权交易机构成立前，由上海环境能源交易所承担全国碳排放权交易系统账户开立和运行维护等具体工作。经过多轮评估和测试，全国碳排放权注册登记系统和全国碳排放权交易系统已建设完成。自2021年7月16日全国碳排放权交易市场正式上线交易以来，碳排放权注册登记结算业务和交易业务分别在全国碳排放权注册登记系统和全国碳排放权交易系统集中开展。

二、全国碳排放权注册登记机构和全国碳排放权交易机构的法律地位和职责

全国碳排放权注册登记机构和全国碳排放权交易机构是全国碳排放权交易市场平稳有序运行的重要支撑单位。本条第1款对两个机构的职责作了明确规定。根据2021年5月生态环境部印发的《碳排放权登记管理规则（试行）》《碳排放权交易管理规则（试行）》《碳排放权结算管理规则（试行）》，全国碳排放权注册登

记机构负责碳排放权交易产品登记，提供交易结算等服务，这指的是全国碳排放权注册登记机构通过全国碳排放权注册登记系统对碳排放配额等交易产品的持有、变更、清缴和注销等实施集中统一登记，并负责全国碳排放权交易的统一结算，管理交易结算资金；全国碳排放权交易机构负责组织开展碳排放权集中统一交易，指的是全国碳排放权交易机构为纳入全国碳排放权交易市场的重点排放单位等交易主体开立唯一的交易账户，组织交易主体通过全国碳排放权交易系统，采取协议转让、单向竞价等符合规定的交易方式，对碳排放配额等交易产品开展集中统一交易。

此外，本条第 1 款还对全国碳排放权登记和交易收费作了原则性规定。本条例在征求意见过程中，有意见提出，由于没有明确法律依据，目前全国碳排放权注册登记机构和全国碳排放权交易机构提供登记和交易服务均不收费，日常运行维护由财政出钱，既增加了财政负担，也不利于全国碳排放权交易市场的健康发展。经会同有关方面反复研究，本条例采纳了该意见，参照《中华人民共和国证券法》《中华人民共和国期货和衍生品法》有关交易机构服务收费的规定，对全国碳排放权注册登记机构和全国碳排放权交易机构服务收费问题作了原则性规定。全国碳排放权登记和交易的收费应当合理，是指全国碳排放权注册登记机构和全国碳排放权交易机构在碳排放权登记、交易等环节可以收取一定费用，但是必须合理，不得过高或者过低。只有合理的登记和交易收费，才能照顾到碳排放权交易及相关活动各方参与主体的利益，从而有利于全国碳排放权交易市场的发展。同时，登记和交易的收费项目、收费标准和管理办法应当向社会公开，对所有市场参与主体公平一致，这是本条例第 3 条规定的"公开、公平、公正"原则的具体体现,既能保障市场参与主体的合法权益,也有利于对收费进行监督管理。

三、全国碳排放权注册登记机构和全国碳排放权交易机构的监督管理

为了防范碳排放权交易风险,维护全国碳排放权交易市场秩序,有必要加强对全国碳排放权注册登记机构和全国碳排放权交易机构的监督管理。本条第 2 款、第 3 款分别从"机构自我管理"和"部门外部监管"两个角度作了规定。一是加强机构自我管理。本条第 2 款规定,全国碳排放权注册登记机构和全国碳排放权交易机构应当按照国家有关规定,完善相关业务规则,建立风险防控和信息披露制度。2021 年 5 月生态环境部印发的《碳排放权登记管理规则(试行)》《碳排放权交易管理规则(试行)》《碳排放权结算管理规则(试行)》对全国碳排放权注册登记机构和全国碳排放权交易机构应当建立的业务规则和风险管理制度措施等作了具体规定。比如,要求全国碳排放权注册登记机构对登记账户使用情况实施定期检查,对有关不合格账户采取限制使用等措施,全国碳排放权交易机构实行涨跌幅限制、最大持仓量限制、大户报告、异常交易监控等制度措施,并明确规定全国碳排放权注册登记机构和全国碳排放权交易机构应当建立风险警示制度、风险准备金制度等。二是建立部门联合监管机制。本条第 3 款规定,国务院生态环境主管部门会同国务院市场监督管理部门、中国人民银行和国务院银行业监督管理机构,对全国碳排放权注册登记机构和全国碳排放权交易机构进行监督管理,并加强信息共享和执法协作配合。贯彻落实

《国务院办公厅关于深入推进跨部门综合监管的指导意见》（国办发〔2023〕1号）有关对新兴领域中涉及多部门监管的事项积极开展跨部门综合监管的要求，本条第3款规定生态环境部作为全国碳排放权交易市场的行业主管部门，要会同市场监管总局、中国人民银行和金融监管总局等相关监管部门，依照法律法规、部门"三定"规定和权责清单，加强对全国碳排放权注册登记机构和全国碳排放权交易机构的跨部门监管，建立信息共享和执法协作配合机制，切实增强监管合力，提高监管效能。

四、碳排放权交易与公共资源交易平台的关系

《中共中央　国务院关于完整准确全面贯彻新发展理念做好碳达峰碳中和工作的意见》明确提出，"推进市场化机制建设。依托公共资源交易平台，加快建设完善全国碳排放权交易市场"。本条例在征求意见过程中，有意见提出，建议将碳排放权交易纳入统一的公共资源交易平台。本条部分采纳了该意见。经会同有关方面反复研究，考虑到全国碳排放权交易市场总体属于新事物，仍处于探索阶段，目前全国碳排放权注册登记系统和全国碳排放权交易系统已建成并投入运行，本条例应当以尊重目前的管理现实为宜。同时，贯彻落实党中央有关文件要求，为给将来全国碳排放权交易市场逐渐纳入统一的公共资源交易平台预留制度接口，本条第4款采用了"逐步纳入统一的公共资源交易平台体系"的表述。

第六条 碳排放权交易覆盖的温室气体种类和行业范围，由国务院生态环境主管部门会同国务院发展改革等有关部门根据国家温室气体排放控制目标研究提出，报国务院批准后实施。

碳排放权交易产品包括碳排放配额和经国务院批准的其他现货交易产品。

【释义】 本条是关于碳排放权交易覆盖范围和碳排放权交易产品的规定。

一、关于碳排放权交易覆盖范围

本条第1款对碳排放权交易的覆盖范围从程序上作了原则性的规定。碳排放权交易的覆盖范围，是指碳排放权交易覆盖的温室气体种类和行业范围。我国碳排放主要集中在发电、钢铁、建材、有色、石化、化工、造纸、航空等重点行业，这8个行业排放占到了我国二氧化碳排放量的75%左右，这些重点行业工业化程度高，有一定的人才、技术、管理基础，更容易实现对碳排放的量化控制管理和影响含碳产品及服务的价格。2017年12月，经国务院同意，国家发展改革委（原国家应对气候变化主管部门）印发了《全国碳排放权交易市场建设方案（发电行业）》。《全国碳排放权交易市场建设方案（发电行业）》明确提出，要坚持先易后难、循序渐进，按照国家生态文明建设和控制温室气体排放的总体要求，在不影响经济平稳健康发展的前提下，分阶段、有步骤地推进全国碳排放权交易市场建设，在发电行业率先启动全国碳排放交易体系，逐步扩大行业范围。从碳市场建设的国际经验和地方试点做法来看，也都是采取分阶段、分步骤推进的方式，按照"成熟一个、纳入一个"的原则，逐步扩大覆盖的温室气体种类和行业范围。全球正在或计划实行的区域、国家和地方碳市场中，主要碳市场有欧盟碳市场、美国区域温室气体减排行动（RGGI）、美国加州碳市场、加拿大魁北克碳市场、新西兰碳市场、韩国碳市场等。各类碳市场分别覆盖了3—6种温室气体，碳排放量分别占其所在地区碳排放总量的18%—85%，覆盖的温室气体排放总量约占当前全球排放总量的9%（如将我国全国碳市场目前覆盖的发电行业排放量包括在内，这一比例将提高到约17%），分别纳入了工业、电力、航空、交通、建筑、废弃物处理和林业等。经会同有关方面反复研究，考虑到全国碳排放权交易市场的发展仍处于起步阶段，且本条例旨在为碳排放权交易管理构建基本制度框架，不宜对碳排放权交易覆盖的温室气体种类和行业范围作出具体规定。同时，鉴于碳排放权交易覆盖的温室气体种类和行业范围对经济运行有直接影响，事关重大，应当审慎决策，本条例对确定行业覆盖的温室气体种类和行业范围的工作程序进行了明确，要求必须报国务院批准后实施。未来将坚持稳中求进、先易后难的原则，结合我国经济社会发展阶段和情况以及国家控制温室气体排放的总体要求，综合考虑行业的碳排放量、数据质量基础、减污降碳协同、行业高质量发展等因素，优先纳入碳排放量大、产能过剩严重、减污降碳协同效果好、数据质量基础好的重点行业。扩围工作将把握好节奏力度，科学合理确定不同行业的纳入时间，分阶段、有步骤地积极推动碳排放权交易市场覆盖碳排放重点行业，从而构建更加有效、更有活力、更具国际影响力的碳市场。

二、关于碳排放权交易产品

本条第2款对碳排放权交易产品作了规定。目前，全国碳排放权交易市场的交易产品仅为碳排放配额，下一步将适时增加其他的现货交易产品。碳排放配额，是指分配给重点排放单位规定时期内的二氧化碳等温室气体的排放额度。1个单位碳排放配额相当于向大气排放1吨的二氧化碳当量。这里有两个问题需要把握：一是根据全国碳排放权交易市场发展需要，将来若要增加其他的现货交易产品，在程序上必须报国务院批准。二是本条第2款明确规定全国碳排放权交易市场上的交易产品仅为现货交易产品，这并不意味着不能发展碳期货产品。在本条例征求意见过程中，有意见提出，建议在碳市场交易品种中增加碳期货产品，以进一步激活碳市场的金融属性。经会同有关方面反复研究认为，全国碳排放权交易市场作为控制和减少温室气体排放、推动实现碳达峰碳中和目标的重要政策工具，总体仍属于新生事物，不宜过度强调其金融属性，作为现货市场发展更为稳妥。同时，为推动有效碳定价，更好地完善碳市场机制，确有必要发展碳排放权期货市场，以作为现货市场的有益补充。碳排放权期货市场的管理应当依照《中华人民共和国期货和衍生品法》《期货交易管理条例》等法律、行政法规规定执行，不适用本条例。

> **第七条** 纳入全国碳排放权交易市场的温室气体重点排放单位（以下简称重点排放单位）以及符合国家有关规定的其他主体，可以参与碳排放权交易。
>
> 生态环境主管部门、其他对碳排放权交易及相关活动负有监督管理职责的部门（以下简称其他负有监督管理职责的部门）、全国碳排放权注册登记机构、全国碳排放权交易机构以及本条例规定的技术服务机构的工作人员，不得参与碳排放权交易。

【释义】 本条是关于碳排放权交易主体和禁止参与碳排放权交易人员的规定。

一、关于碳排放权交易主体

本条第1款规定的碳排放权交易主体包括纳入全国碳排放权交易市场的重点排放单位和符合国家有关规定的其他主体。这样规定的主要考虑是：一是正确把握定位。全国碳排放权交易市场作为控制和减少温室气体排放、推动实现碳达峰碳中和目标的重要政策工具，主要目的是以市场化方式推动重点排放单位落实温室气体强制减排义务。二是符合管理实践。按照《全国碳排放权交易市场建设方案（发电行业）》要求，全国碳排放权交易市场建设初期交易主体为发电行业重点排放单位。截至2023年底，参与碳排放权交易的主体为纳入全国碳排放权交易市场的2257家发电行业的重点排放单位。三是防范金融风险。全国碳排放权交易市场尚处于起步阶段，在培育市场主体方面应当遵循稳妥审慎的原则。下一步，随着全国碳排放权交易市场的发展，条件成熟时可适时增加符合规定的其他交易主体。

二、禁止参与碳排放权交易的有关人员

本条第 2 款规定了禁止参与碳排放权交易的有关人员，具体人员范围包括：一是生态环境主管部门、其他对碳排放权交易及相关活动负有监督管理职责的部门的工作人员。这些人员因参与对碳排放权交易及相关活动的监督管理，包括制定全国碳排放权交易市场管理的有关政策、研究提出碳排放权交易的覆盖范围、确定重点排放单位、负责年度排放报告的技术审核以及对碳排放权交易及相关活动实施监督检查等，如果再参与碳排放权交易活动，将与之担负的职责发生利益冲突，有失公正。因此有必要将这些人员列入禁止参与碳排放权交易的人员范围。二是全国碳排放权注册登记机构、全国碳排放权交易机构以及本条例规定的技术服务机构的工作人员。本条例规定的技术服务机构有三类，包括接受委托从事温室气体排放相关检验检测的机构、接受重点排放单位委托编制温室气体年度排放报告的机构以及接受省级人民政府生态环境部门委托对年度排放报告进行技术审核的机构。这些机构的工作人员因其所属机构专业为碳排放权交易及相关活动提供登记、结算、交易或者相关的技术服务，具有天然的优势可以接触到碳排放权交易相关内部信息。为防止前述专业机构的工作人员利用其业务和信息优势参与碳排放权交易不当获利，保证碳排放权交易活动的公平、公正，因此有必要将这些人员列入禁止参与碳排放权交易的人员范围。

第八条　国务院生态环境主管部门会同国务院有关部门,根据国家温室气体排放控制目标,制定重点排放单位的确定条件。省、自治区、直辖市人民政府(以下统称省级人民政府)生态环境主管部门会同同级有关部门,按照重点排放单位的确定条件制定本行政区域年度重点排放单位名录。

重点排放单位的确定条件和年度重点排放单位名录应当向社会公布。

【释义】　本条是关于重点排放单位确定的规定。

重点排放单位的确定是全国碳排放权交易市场管理制度的一项重要内容。科学合理确定重点排放单位,有利于推动温室气体排放控制目标责任落实,促进企业绿色低碳转型发展。

一、制定重点排放单位的确定条件

依据本条第1款规定,重点排放单位的确定条件,由国务院生态环境主管部门会同国务院有关部门统一制定,并向社会公布。《碳排放权交易管理办法(试行)》(生态环境部令第19号)第8条规定,纳入全国碳排放权交易市场的温室气体重点排放单位名录应当符合以下条件:"(一)属于全国碳排放权交易市场覆盖行业;(二)年度温室气体排放量达到2.6万吨二氧化碳当量。"据此,截至2023年底,全国碳排放权交易市场共纳入2257家符合条件的发电企业。

二、制定年度重点排放单位名录

依据本条第1款规定,年度重点排放单位名录,由省、自治区、直辖市人民政府生态环境主管部门会同同级有关部门,按照国家统一确定的重点排放单位的条件制定。也就是说,年度重点排放单位名录是以省、自治区、直辖市为单位形成的。《碳排放权交易管理办法(试行)》(生态环境部令第19号)第9条规定,各省级生态环境主管部门应当按照规定,确定本行政区域重点排放单位名录报送生态环境部,并向社会公开。

三、年度重点排放单位名录实行动态调整管理

目前实践中,当企业生产经营等情况发生变化,不再符合重点排放单位确定条件的,需要从重点排放单位名录中移出。依据《碳排放权交易管理办法(试行)》(生态环境部令第19号)第11条规定,重点排放单位存在下列情形之一的,应当从重点排放单位名录中移出:"(一)连续二年温室气体排放未达到2.6万吨二氧化碳当量的;(二)因停业、关闭或者其他原因不再从事生产经营活动,因而不再排放温室气体的。"移出前,有关重点排放单位应当按照规定清缴其碳排放配额。此外,依据本条例第29条第2款和第33条规定,自2024年5月1日本条例施行之日起,纳入全国碳排放权交易市场管理的重点排放单位不再参与相同温室气体种类和相同行业的地方碳排放权交易市场的碳排放权交易。为与全国碳排放权交易市场衔接,重庆等地方明确规定,对纳入全国碳排放权交易市场统一管理的重点排放单位,从本省级行政区域内的试点和地方碳市

场年度重点排放单位名录中移出，移出的重点排放单位开展碳排放权交易及相关活动的管理，按照本条例的规定执行。

> 第九条　国务院生态环境主管部门会同国务院有关部门，根据国家温室气体排放控制目标，综合考虑经济社会发展、产业结构调整、行业发展阶段、历史排放情况、市场调节需要等因素，制定年度碳排放配额总量和分配方案，并组织实施。碳排放配额实行免费分配，并根据国家有关要求逐步推行免费和有偿相结合的分配方式。
>
> 　　省级人民政府生态环境主管部门会同同级有关部门，根据年度碳排放配额总量和分配方案，向本行政区域内的重点排放单位发放碳排放配额，不得违反年度碳排放配额总量和分配方案发放或者调剂碳排放配额。

【释义】　本条是关于碳排放配额分配的规定。

碳排放权交易的基本原理是，为落实国家温室气体减排目标，政府设定一定时限（履约周期）内碳排放总量控制目标，根据一定的标准和方法，向纳入碳排放权交易管理的重点排放单位初始分配一定数量的配额。重点排放单位在规定时限结束前必须向政府清缴与其实际碳排放量等额的配额，不足部分可以通过在市场购买其他企业富余配额补足。碳排放权交易市场以配额价格为信号，鼓励减排成本低于配额价格的重点排放单位更多地减排，使其实际排放量少于初始分配配额量，并将富余配额出售获得经济激励。实际排放量多于初始分配配额量的重点排放单位，或者减排成本高于配额价格的重点排放单位,通过购买配额完成配额清缴,从而有效降低重点排放单位实现减排目标的整体成本。通过配额管理制度,将温室气体减排责任压实到企业,建立对重点排放行业的碳排放总量控制制度,推动企业加强碳排放管理,并通过强制履约,确保有效实现碳排放控制目标。因此碳排放配额分配是碳排放权交易管理的重要环节。

一、年度碳排放配额总量和分配方案的制定

本条第1款规定了年度碳排放配额总量、分配方案的制定和组织实施的主体、考虑的因素以及分配方式。

本条规定国务院生态环境主管部门会同国务院有关部门制定和组织实施年度碳排放配额总量和分配方案。2020年12月生态环境部制定公布《2019—2020年全国碳排放权交易配额总量设定与分配实施方案(发电行业)》,2023年3月生态环境部印发《2021、2022年度全国碳排放权交易配额总量设定与分配实施方案(发电行业)》,明确全国碳排放权交易统一的配额分配方法,包括确定碳排放基准值、预分配配额量及最终核定配额量、配额分配流程等内容。配额分配方案明确规定了配额量计算公式以及公式中所有参数及数据的使用要求,参数和数据不可随意调整,确保配额分配方法一致、结果可比。

本条规定年度碳排放配额总量和分配方案应当根据国家温室气体排放控制目标,综合考虑经济社会发展、产业结构调整、行业发展阶段、历史排放情况、市场调节需要等因素制定。根据上述全国碳排放权交易配额总量设定与分配实施方案,省级人民政府生态环境主管部门根据配额分配方案确定的配额核算方法及碳排放基准值，结合本行政区域内各发电机组的实际产出量及相关修正系数，核定各机组年度配额量，并根据重点排放单位拥有的机组数量确定各重点排放单位的年度配额量；将各重点排放单位年度配额量加总，形成省级行政区域的年度配额总量。生态环境部将各省级行政区域配额总量加总，最终确定全国碳排放权交易市场配额总量。这里需要说明一下市场调节需要。国外碳市场常规的调节机制一般通过制定某些触发条件，对市场中的配额供需或者价格进行调节，例如公开市场操作（拍卖、回购等）、调整配额抵销条件等。目前，全国碳排放权交易市场有效的市场调控手段还不足，市场稳定机制尚不完善。根据有关部门和地方政府的意见，借鉴国际通行做法，本条规定制定年度碳排放配额总量和分配方案时应当考虑市场调节需要的因素，为开展市场调控，平衡市场供需，防止碳价格失控等市场风险，保障碳市场健康平稳有序运行提供制度保障。

本条规定碳排放配额实行免费分配，并根据国家有关要求逐步推行免费和有偿相结合的分配方式。目前，全国碳排放权交易市场配额分配方式是免费发放，下一步将根据国家温室气体排放控制目标的调整，结合全国碳排放权交易市场建设发展情况，逐步提高有偿分配的比例，实行免费分配和有偿分配相结合。这样有利于控制碳排放总量，使碳价更真实地反映碳减排成本，更好地发挥市场作用，从而推动双碳目标实现，提升我国碳市场在国际碳定价当中的话语权。这也是国际碳市场建设的通行做法。从国外经验来看，碳市场需要在实践中不断发展和完善，根据实际情况改进配额分配方法。欧盟碳市场 2005 年启动，已完成 3 个阶段，目前进入第四个阶段（2021—2030 年），2030 年后仍将继续实施。欧盟在每个实施周期都会修订各类法规、标准，削减排放上限，扩大纳入行业或者温室气体范围，引入改革措施等。在欧盟碳市场建设的第一阶段（2005—2007 年）、第二阶段（2008—2012 年），大多数成员国实行配额免费分配，仅个别成员国通过拍卖等有偿方式分配配额，有偿分配的配额约占配额总量的 3%；第三阶段（2013—2020 年）、第四阶段（2021—2030 年），有偿分配的比例大幅提高，截至 2021 年，有偿分配的配额占配额总量的 57%。

二、发放碳排放配额的主体、对象和要求

本条第 2 款规定了发放碳排放配额的主体、对象和要求。

本条规定省级人民政府生态环境主管部门会同同级有关部门，根据年度碳排放配额总量和分配方案，向本行政区域内的重点排放单位发放碳排放配额。如根据《2021、2022 年度全国碳排放权交易配额总量设定与分配实施方案（发电行业）》，省级人民政府生态环境主管部门按照配额分配方案规定的核算方法，审核确定各机组年度预分配配额量，通过碳排放权注册登记系统将配额预分配给重点排放单位。2021、2022 年度各机组预分配配额量均为 2021 年该机组经核查排放量的 70%，将重点排放单位拥有的所有机组相应的预分配配额量进行加总，得到其 2021、2022 年度的预分配配额量。在完成 2021、2022 年度碳排放数据核查后，按机组实际供电（热）量对配额进行最终核定。最终核定的配额量与预分配的配额量不一致的，以最终核定的配额量为准，通过全国碳排放权注册登记系统实行多退少补。

本条还规定不得违反年度碳排放配额总量和分配方案发放或者调剂碳排放配额。为了防止配额分配过程中出现不公平不公正的问题，年度配额总量和分配方案是全国统一且公开透明的，省级人民政府生态环境主管部门据此向重点排放单位发放配额，没有自由裁量权，不得违反年度碳排放配额总量和分配方案发放或者调剂碳排放配额。企业和社会公众也可以根据分配方案，结合企业生产量测算出配额，能够有效避免配额分配时可能产生的腐败问题和地方保护主义问题。

> **第十条** 依照本条例第六条、第八条、第九条的规定研究提出碳排放权交易覆盖的温室气体种类和行业范围、制定重点排放单位的确定条件以及年度碳排放配额总量和分配方案，应当征求省级人民政府、有关行业协会、企业事业单位、专家和公众等方面的意见。

【释义】 本条是关于研究提出碳排放权交易覆盖的温室气体种类和行业范围、制定重点排放单位的确定条件以及年度碳排放配额总量和分配方案征求意见的程序性规定。

本条规定的主要考虑有：一是有利于科学决策。研究提出碳排放权交易覆盖范围、制定重点排放单位的确定条件以及年度碳排放配额总量和分配方案，都是涉及碳排放权交易主要环节的管理制度措施，对经济运行有直接影响，关系重大。应当遵循民主决策原则，广泛听取并合理采纳省级人民政府、行业协会、企业事业单位、专家和公众等各有关方面的意见，有助于提高决策质量。二是有利于凝聚共识。全国碳排放权交易市场作为一个强制性市场，在碳排放权交易覆盖范围、重点排放单位的确定条件以及年度碳排放配额总量和分配方案等主要管理制度研究制定过程中，充分听取各方面，特别是有关行业协会、企业事业单位的意见，有助于企业等碳排放权交易相关主体增强对全国碳排放权交易市场的理解和认识，更好地落实温室气体减排的主体责任。

实践中，国务院生态环境主管部门会同国务院有关部门征求意见，可以采取座谈会、听证会、实地走访、书面征求意见、向社会公开征求意见、问卷调查、民意调查等多种方式。其中，向社会公开征求意见的，可以通过政府部门的网站及报刊、广播、电视等便于社会公众知晓的途径，并明确提出意见的方式和期限。

第十一条　重点排放单位应当采取有效措施控制温室气体排放，按照国家有关规定和国务院生态环境主管部门制定的技术规范，制定并严格执行温室气体排放数据质量控制方案，使用依法经计量检定合格或者校准的计量器具开展温室气体排放相关检验检测，如实准确统计核算本单位温室气体排放量，编制上一年度温室气体排放报告（以下简称年度排放报告），并按照规定将排放统计核算数据、年度排放报告报送其生产经营场所所在地省级人民政府生态环境主管部门。

重点排放单位应当对其排放统计核算数据、年度排放报告的真实性、完整性、准确性负责。

重点排放单位应当按照国家有关规定，向社会公开其年度排放报告中的排放量、排放设施、统计核算方法等信息。年度排放

> 报告所涉数据的原始记录和管理台账应当至少保存 5 年。
>
> 　　重点排放单位可以委托依法设立的技术服务机构开展温室气体排放相关检验检测、编制年度排放报告。

　　【释义】　本条是关于重点排放单位开展检验检测、核算排放数据、编制年度排放报告和信息公开的规定。

一、关于开展检验检测、核算排放数据、编制年度排放报告

（一）生态环境部制定技术规范

2013—2015 年，国家发展改革委（原应对气候变化主管部门）发布了 24 个行业温室气体排放核算与报告指南。2018 年国务院机构改革和部门职能调整后，生态环境部制定和完善温室气体排放数据核算、报告与核查制度，组织编制核算与报告技术规范、核查技术规范，明确核算核查技术要求。2020 年 12 月发布了《碳排放权交易管理办法（试行）》（生态环境部令第 19 号），该办法适用于全国碳排放权交易及相关活动，包括碳排放配额分配和清缴，碳排放权登记、交易、结算，温室气体排放报告与核查等活动，以及对前述活动的监督管理。2021 年 3 月发布了《企业温室气体排放报告核查指南（试行）》。该指南规定了重点排放单位温室气体排放报告的核查原则和依据、核查程序和要点、核查复核以及信息公开等内容，适用于省级生态环境主管部门组织对重点排放单位报告的温室气体排放量及相关数据的核查。

　　对于首个纳入全国碳排放权交易市场的火力发电行业，生态环境部多次组织修订完善核算与报告技术规范、核查技术规范，2021

年3月发布了《企业温室气体排放核算方法与报告指南 发电设施》，2022年3月和12月两次修订后形成《企业温室气体排放核算与报告指南 发电设施》，并于2022年12月发布了《企业温室气体排放核查技术指南 发电设施》，指导发电企业核算与报告温室气体排放量，不断提升温室气体排放数据核算的科学性、合理性和可操作性。

《企业温室气体排放核算与报告指南 发电设施》用于指导全国碳排放权交易市场发电行业2023年度及以后的碳排放核算与报告工作，规定了发电设施的温室气体排放核算边界和排放源确定、化石燃料燃烧排放核算、购入使用电力排放核算、排放量计算、生产数据核算、数据质量控制计划、数据质量管理、定期报告和信息公开格式等要求。《企业温室气体排放核查技术指南 发电设施》对核查的原则、依据、内容与要点等方面进行了规定，明确了在具体核查过程中，核查组可结合自身经验，并根据重点排放单位的实际情况判断，确定查、问、看、验的具体内容以及详细程度。

（二）重点排放单位制定并执行温室气体排放数据质量控制方案

《企业温室气体排放核算与报告指南 发电设施》中明确要求重点排放单位应当制定并执行温室气体排放数据质量控制方案。温室气体排放数据质量控制方案，是为确保数据质量，对重点排放单位温室气体排放量和相关信息的核算与报告作出的具体安排与规划。

其内容包括：重点排放单位和排放设施基本信息、核算边界、核算方法、活动数据、排放因子及其他相关信息的确定和获取方式，以及内部质量控制和质量保证相关规定等。

重点排放单位应当根据相关技术规范中的数据监测与获取要求，结合现有测量能力和条件，制定并向生态环境主管部门报送本企业的温室气体排放数据质量控制方案，包括生产工艺、设施类别、数据获取方式等相关信息。

数据质量控制方案是重点排放单位强化自身数据质量管理的重要抓手和依据，也是主管部门开展日常监督管理的基础。

制定并执行合理的数据质量控制方案对保证碳排放数据质量至关重要：第一，数据质量控制方案是数据核算、存证、报告、核查与监管全流程的重要依据；第二，数据质量控制方案是将温室气体排放核算与报告技术规范的相关要求落实为本企业温室气体排放管理举措的重要操作手册，更便于企业具体管理和操作人员的使用；第三，有效执行数据质量控制方案，有利于企业规范开展相关参数获取，提升内部管理水平，将进一步压实主体责任，减少核算与报告的随意性。

（三）重点排放单位应当使用依法经计量检定合格或者校准的计量器具开展温室气体排放相关检验检测

重点排放单位在开展温室气体排放量核算过程中，不可避免地涉及对活动数据、排放因子的检验检测，因此对进行检验检测的计量器具作出检定或者校准的规定，是确保全国碳排放权交易数据质量的必然要求。比如，在排放量核算关键参数化石燃料消耗量的获取上，《企业温室气体排放核算与报告指南 发电设施》明确对计量器具的配备和检定/校准提出了要求："燃煤消耗量应优先采用经校验合格后的皮带秤或耐压式计量给煤机的入炉煤测量结果，采用生产系统记录的计量数据。皮带秤须采用皮带秤实煤或循环链码校验每月一次，或至少每季度对皮带秤进行实煤计量比对。""轨道衡、汽车衡等计量器具的准确度等级应符合 GB/T 21369 或相关计量检定规程的要求；皮带秤的准确度等级应符合 GB/T 7721 的相关规定；耐压式计量给煤机的准确度等级应符合 GB/T 28017 的相关规定。计量器具应确保在有效的检验周期内。"

（四）重点排放单位应当如实准确统计核算本单位温室气体排放量，编制上一年度温室气体排放报告，并按照规定将排放统计核算数据、年度排放报告报送其生产经营场所所在地省级人民政府生态环境主管部门

根据核算与报告技术规范要求，排放统计核算数据包括在全国碳市场管理平台上传的月度信息化存证数据、信息及其支撑材料。为进一步强化碳排放数据质量管理，在核算与报告技术规范中规定了重点排放单位开展关键基础数据及相关信息月度存证，构建了"国家—省级—市级"数据质量三级联审机制。比如，《企业温室气体排放核算与报告指南 发电设施》规定对发电设施碳排放量、配额分配影响较大的燃料消耗量、低位发热量、元素碳含量、购入使用电量、发电量、供热量、运行小时数和负荷（出力）系数等关键参数开展月度存证。

主管部门对月度存证的数据和信息进行联审，并纳入日常监管、年度核查和监督检查工作重点。比如，《关于做好 2023—2025 年发电行业企业温室气体排放报告管理有关工作的通知》（环办气候函〔2023〕43 号）中要求，各省级生态环境部门组织发电行业重点排放单位，按照《企业温室气体排放核算与报告指南 发电设施》等要求，在每月结束后的 40 个自然日内，通过全国碳市场管

理平台上传上述排放报告关键参数、辅助参数等数据及其支撑材料。通知中还要求各省级生态环境主管部门组织有关技术支撑单位或委托第三方技术服务机构对重点排放单位月度信息化存证的数据及信息进行技术审核,识别异常数据,及时将有关问题线索移交设区的市级人民政府生态环境部门进一步查实和处理。生态环境部对各地碳排放数据质量开展评估。

年度排放报告,是重点排放单位以通过联审的月度存证数据和信息作为统计核算基础,按照核算与报告技术规范,编制而成的年度温室气体排放报告。年度排放报告中应载明重点排放单位温室气体排放量、排放设施、排放源、核算边界、核算方法、活动数据、排放因子等信息,并附有原始记录和台账等内容。年度排放报告应加盖重点排放单位公章,于每年3月31日前通过全国碳市场管理平台报送生产经营场所所在地的省级人民政府生态环境主管部门。以发电行业为例,按照《企业温室气体排放核算与报告指南 发电设施》要求,重点排放单位应基于月度存证数据和信息,如实计算化石燃料燃烧排放量、购入使用电力排放量和报告配额分配相关数据,编制上一年度排放报告于每年3月31日前报送。

二、关于排放统计核算数据、年度排放报告的真实性、完整性、准确性

根据本条第2款规定,重点排放单位对其数据的真实性、完整性、准确性负有主体责任,主要包括排放统计核算数据和年度排放报告两大类。真实、完整、准确的碳排放数据不仅是全国碳排放权交易市场平稳运行的基础,也是影响全国碳排放权交易市场温室气体减排成效的关键。

为加强碳排放数据质量监督管理，保障全国碳排放权交易市场平稳有序运行，2021年10月，生态环境部发布《关于做好全国碳排放权交易市场数据质量监督管理相关工作的通知》，要求省级生态环境主管部门对本行政区域内重点排放单位年度排放报告进行全面自查，对燃料消耗量、元素碳含量等重点参数获取的规范性、真实性进行重点核实。同时，生态环境部制定专项工作方案，组织开展全国碳排放报告质量专项监督，针对发现的问题线索，逐一拉条挂账、分级分类处理、督促整改到位，并向社会公开典型问题案例。市场监管总局、国资委根据生态环境部移交的问题开展了相关整治、督办工作。碳达峰碳中和工作领导小组办公室召开电视电话会议，通报碳市场数据弄虚作假有关问题，部署严厉打击碳排放数据造假行为、推进碳市场健康有序发展工作。多部门协同严厉打击碳排放数据造假行为，切实发挥警示震慑作用，产生了积极的社会效果。

三、关于信息公开

重点排放单位根据国家有关规定和相关技术规范编制、报送该单位上一年度温室气体排放报告，并向社会公开不涉及国家秘密和商业秘密的报告内容，接受社会监督。2021年12月发布的《企业环境信息依法披露管理办法》（生态环境部令第24号）明确规定，企业是环境信息依法披露的责任主体。企业应当建立健全环境信息依法披露管理制度，规范工作规程，明确工作职责，建立准确的环境信息管理台账，妥善保存相关原始记录，科学统计归集相关环境信息。企业年度环境信息依法披露报告应当包含温室气体排放信息，包括排放量、排放设施等方面的信息。

以发电行业为例，重点排放单位按照《企业温室气体排放核算与报告指南 发电设施》规定的信息公开格式要求，公开基本信息和排放量信息等。如相关信息涉及国家秘密和商业秘密，企业应依据《中华人民共和国保守国家秘密法》和《中华人民共和国反不正当竞争法》等有关法律法规向省级生态环境部门提供证明材料，删除相关涉密信息后公开其余信息。《企业温室气体排放核算与报告指南 发电设施》要求重点排放单位建立温室气体排放数据内部台账管理制度。年度排放报告所涉数据的原始记录和管理台账应明确数据来源、数据获取时间及填报台账的相关责任人等信息，原始记录和管理台账至少保存5年，确保相关排放数据可被追溯。

四、关于委托开展温室气体排放相关检验检测、编制年度排放报告

重点排放单位的温室气体排放相关检验检测和年度排放报告编制工作，可以委托依法设立的技术服务机构开展。接受委托开展温室气体排放相关检验检测的技术服务机构应当按照国家有关规定和技术规范开展相关工作。以发电行业为例，《企业温室气体排放核算与报告指南 发电设施》对接受委托开展温室气体排放相关检验检测的技术服务机构提出资质要求，比如开展燃煤元素碳检测和出具锅炉热力性能试验报告的技术服务机构，应当具备检验检测资质和能力。

> **第十二条** 省级人民政府生态环境主管部门应当对重点排放单位报送的年度排放报告进行核查,确认其温室气体实际排放量。核查工作应当在规定的时限内完成,并自核查完成之日起 7 个工作日内向重点排放单位反馈核查结果。核查结果应当向社会公开。
>
> 省级人民政府生态环境主管部门可以通过政府购买服务等方式,委托依法设立的技术服务机构对年度排放报告进行技术审核。重点排放单位应当配合技术服务机构开展技术审核工作,如实提供有关数据和资料。

【释义】 本条是关于对重点排放单位温室气体年度排放报告进行核查的相关规定。

一、省级人民政府生态环境主管部门应当对年度排放报告进行核查,确认实际排放量

核查是根据相关技术规范,采用科学、标准的流程和方法,对重点排放单位报告的温室气体排放量和相关信息以及重点排放单位内部数据质量控制的关键环节进行全面核实、查证的过程,确保数据的真实、准确、完整。根据本条规定,核查的实施主体是省级人民政府生态环境主管部门。只有在经过核查后,才能确认重点排放单位温室气体的实际排放量。

为规范全国碳排放权交易市场重点排放单位温室气体排放报告核查活动,生态环境部组织编制了《企业温室气体排放报告核查指南(试行)》,并于 2021 年 3 月发布。该技术规范规定了重点排放单位温室气体排放报告的核查原则和依据、核查程序和要点、核查复核以及信息公开等内容，适用于省级生态环境主管部门组织对重点排放单位报告的温室气体排放量及相关数据的核查。

为进一步提升温室气体排放数据质量，增强技术规范的科学性、合理性和可操作性，生态环境部组织编制了《企业温室气体排放核查技术指南　发电设施》，并于2022年12月发布。该技术规范用于指导核查重点排放单位核算和报告的发电设施相关排放数据和信息，列出了燃煤消耗量、燃煤收到基元素碳含量等关键参数的核查方法和注意事项。

从国际碳市场和国内碳市场的建设运行经验来看，开展核查是数据质量监管的通行做法。在国际碳市场建设方面，欧盟、美国加州以及韩国等碳排放权交易市场，都要求对温室气体排放报告开展年度核查，并依据核查结果开展配额分配和清缴工作。在国内碳市场建设方面，自2011年国家启动碳排放权交易试点以来，所有试点地区都对重点排放单位历史年份和履约年份碳排放数据进行了核查，以监管试点碳市场的数据质量，为全国碳排放权交易市场建设提供了良好的经验。在全国碳排放权交易市场建设进程中，主管部门组织开展了对2013年以来重点排放单位碳排放数据及配额支撑数据的核查，为科学决策提供了数据基础，支持了全国碳排放权交易市场建设稳步开展。

二、核查工作时限和核查结果的反馈及公开

核查工作程序一般包括：确定核查安排、建立核查技术工作组、文件评审、建立现场核查组、实施现场核查、出具核查报告或

结论、告知核查结果、保存核查记录等具体步骤。

根据本条第1款的规定，核查工作应当在规定的时限内完成。规定时限一般由生态环境部通过发布通知等形式确定。例如，生态环境部发布的《关于做好2023—2025年发电行业企业温室气体排放报告管理有关工作的通知》和《关于做好2023—2025年部分重点行业企业温室气体排放报告与核查工作的通知》，均规定了核查工作的完成时限：发电行业企业碳排放报告核查工作应于每年6月30日前完成，水泥、电解铝和钢铁行业企业碳排放报告核查工作应于每年9月30日前完成，其他重点行业企业碳排放报告核查工作应于每年12月31日前完成。

根据本条第1款的规定，自核查完成之日起7个工作日内，应向重点排放单位反馈核查结果。其中，核查结果主要是核查报告或者核查结论。核查完成之日是指核查报告或者核查结论出具的日期。核查结果的反馈应当由省级人民政府生态环境主管部门实施。需要特别指出的是，省级人民政府生态环境主管部门根据本条第2款的规定委托技术服务机构进行技术审核的，核查结果仍应当由省级人民政府生态环境主管部门而非接受委托的技术服务机构向重点排放单位反馈。

为确保数据的公开透明，核查工作结束后，省级人民政府生态环境主管部门应将所有重点排放单位的核查报告或者核查结论向社会公开。公开的方式可以包括在指定网站公布文件链接或者公布文件获取方式。

三、可以通过政府购买服务等方式委托技术服务机构开展技术审核

省级人民政府生态环境主管部门是核查工作的实施主体。本条第 2 款规定，省级人民政府生态环境主管部门可以通过政府购买服务等方式，委托依法设立的技术服务机构对年度排放报告进行技术审核。这样规定的主要考虑有：一是工作有需要。核查工作技术性、专业强，且随着碳市场覆盖行业范围的逐步扩大，涉及的行业将越来越多、企业也将越来越多，仅依靠省级人民政府生态环境主管部门自身力量，难以很好地完成核查工作。二是立法有借鉴。依据《建设项目环境保护管理条例》《排污许可管理条例》相关规定，生态环境主管部门在审批环境影响评价报告书（表）、排污许可申请材料过程中，可以委托技术服务机构辅助进行相关审批工作。三是管理有需求。目前，32 个省级（含新疆生产建设兵团）人民政府生态环境主管部门都委托技术服务机构进行核查。本条例从尊重管理实际出发，将现行做法上升为法律规定。

技术审核主要包括文件评审、现场核查以及出具核查报告或结论等内容。在向重点排放单位反馈核查结果之前，如省级人民政府生态环境主管部门认为有必要进一步提高数据质量，可采用复查的方式，对技术服务机构的技术审核过程和出具的核查结论进行书面或现场评审。

省级人民政府生态环境主管部门在委托技术服务机构时，应考虑技术服务机构的风险防范机制、内部质量管理体系和公正性保证

措施等，确保技术审核工作公平公正、客观独立开展。

四、重点排放单位应当配合技术审核工作，如实提供有关数据和资料

重点排放单位应当配合开展技术审核工作。省级人民政府生态环境主管部门通过政府购买服务等方式委托技术服务机构进行技术审核时，重点排放单位应当配合技术服务机构开展技术审核工作。

比如，在文件评审阶段，重点排放单位应当根据技术服务机构的要求提供年度排放报告相关的支撑材料，如组织机构图、厂区分布图、工艺流程图、设施台账、生产日志、监测设备和计量器具台账、支撑报送数据的原始凭证，以及数据内部质量控制和质量保证相关文件和记录等。在现场核查阶段，应当为技术服务机构提供便利的工作条件，包括指定陪同人员、接受评审人员的询问、为评审人员提供便利条件开展排放设施和监测设备的现场观察、配合评审人员开展数据的验算和相关参数的重复测试等工作。在配合技术审核过程中，应当如实提供有关数据和资料，不得篡改、伪造，不得使用虚假的数据和资料或实施其他弄虚作假行为。

第十三条 接受委托开展温室气体排放相关检验检测的技术服务机构，应当遵守国家有关技术规程和技术规范要求，对其出具的检验检测报告承担相应责任，不得出具不实或者虚假的检验检测报告。重点排放单位应当按照国家有关规定制作和送检样品，对样品的代表性、真实性负责。

> 接受委托编制年度排放报告、对年度排放报告进行技术审核的技术服务机构,应当按照国家有关规定,具备相应的设施设备、技术能力和技术人员,建立业务质量管理制度,独立、客观、公正开展相关业务,对其出具的年度排放报告和技术审核意见承担相应责任,不得篡改、伪造数据资料,不得使用虚假的数据资料或者实施其他弄虚作假行为。年度排放报告编制和技术审核的具体管理办法由国务院生态环境主管部门会同国务院有关部门制定。
>
> 技术服务机构在同一省、自治区、直辖市范围内不得同时从事年度排放报告编制业务和技术审核业务。

【释义】 本条是关于规范全国碳排放权交易市场相关技术服务机构活动管理的规定。

一、技术服务机构

技术服务机构的服务质量直接影响到碳排放数据的真实性、完整性和准确性。因此,规范技术服务机构的行为,加强对技术服务机构的监督管理,对于健全全国碳排放权交易市场碳排放数据质量管理体系具有重要意义。本条例的出台,为技术服务机构的监管提供了法律法规依据。

二、对接受委托开展温室气体排放相关检验检测的技术服务机构的要求

技术服务机构应当遵守国家有关技术规程和技术规范要求开展

温室气体排放相关检验检测工作。以发电行业为例,《企业温室气体排放核算与报告指南 发电设施》要求,开展燃煤元素碳检测的检测机构或者实验室,应当具备相关检验检测资质和能力。《中华人民共和国认证认可条例》对与认证有关的检验检测结论和法律责任提出了明确要求。接受委托开展温室气体排放相关检验检测的技术服务机构,应当对其出具的检验检测报告承担相应责任,不得出具不实或者虚假的检验检测报告。2021年6月1日起施行的《检验检测机构监督管理办法》(国家市场监督管理总局令第39号)对不实或者虚假的检验检测报告作了规定,明确了不实检验检测报告的四种情形和虚假检验检测报告的五种情形。

三、对重点排放单位制作和送检样品的要求

重点排放单位应当按照国家有关规定制作和送检样品,对样品的代表性、真实性负责。根据核算与报告技术规范和相关管理规定,对于重点排放单位送检样品的采样、制样、化验、换算和存样,应当遵循明确的方法标准。

为确保样品的代表性和真实性,核算与报告技术规范要求,重点排放单位在编制数据质量控制方案时,应当明确检验检测参数采样、制样方案。重点排放单位应保留技术服务机构出具的检测报告、样品送检记录、样品邮寄单据、检测机构委托协议、咨询服务机构委托协议等相关材料备查。重点排放单位可对检测样品的采样、制样和化验的全过程采用影像等可视化手段,保存原始记录备查。重点排放单位应定期对计量器具、检测设备和测量仪表进行维护管理,并记录存档;有条件的重点排放单位可应用样品

自动采集与分析技术，采取创新技术手段，加强原始数据防篡改管理。

以发电行业为例，重点排放单位委托技术服务机构检测燃煤元素碳含量、低位发热量等参数时，应确保符合《企业温室气体排放核算与报告指南　发电设施》中的相关要求，燃煤元素碳含量应于每次样品采集之后40个自然日内完成该样品检测。

四、对接受委托编制年度排放报告、对年度排放报告进行技术审核的技术服务机构的要求

根据本条第2款的规定，接受委托编制年度排放报告、对年度排放报告进行技术审核的技术服务机构，应当按照国家有关规定，具备相应的设施设备、技术能力和技术人员，建立业务质量管理制度，独立、客观、公正地开展相关业务，对其出具的年度排放报告和技术审核意见承担相应责任，不得篡改、伪造数据资料，不得使用虚假的数据资料或者实施其他弄虚作假行为。

接受委托对年度排放报告进行技术审核的技术服务机构，应当具备《企业温室气体排放报告核查指南（试行）》规定的以下基本条件：（1）独立法人资格；（2）固定经营场所；（3）能够独立开展技术服务活动的专业人员队伍；（4）开展碳市场相关技术服务的管理制度，包括健全的内部质量管理体系、有效的风险防范机制和严格的公正性保证措施；（5）稳定的财务支持；（6）良好的从业信誉，无违法违规等不良记录；（7）符合有关核算报告与核查技术规范关于技术服务机构的规定和要求。

技术服务机构应建立有效的内控机制，对出具的服务成果进行内部评审，防控数据质量风险，保障数据安全，保证服务过程标准规范与结果公平准确。

同时，加强对从业人员的管理，强化行业道德、行为准则、知识储备、业务提升的培训管理，确保技术人员行为规范及业务能力符合工作要求。

技术服务机构应当遵循客观独立、公平公正、诚实守信、专业严谨的原则开展工作，保证资料采集完整、过程标准规范、报告真实准确、工作按时完成，并对出具的报告及开展的工作承担相应责任。

五、年度排放报告编制和技术审核的具体管理办法的制定

根据本条第 2 款的规定，年度排放报告编制和技术审核的具体管理办法由国务院生态环境主管部门会同国务院有关部门制定。

生态环境部已发布《碳排放权交易管理办法（试行）》（生态环境部令第 19 号），以及《企业温室气体排放核算与报告指南　发电设施》与《企业温室气体排放核查技术指南　发电设施》，用于指导 2023 年度及后续年度的排放报告编制和 2022 年度及后续年度的核查工作。下一步，生态环境部会同有关部门将根据全国碳排放权交易市场建设需要，进一步修订管理办法和技术规范。

六、技术服务机构在同一省、自治区、直辖市范围内不得同时从事年度排放报告编制业务和技术审核业务

本条第 3 款规定技术服务机构不得从事利益相关业务，防止由于技术服务机构在同一地区开展利益相关业务，引发碳排放数据质量风险,甚至由于利益关系弄虚造假,严重影响全国碳排放权交易市场数据质量和市场公正。技术服务机构通常受重点排放单位委托,为其提供编制年度温室气体排放报告的服务。年度温室气体排放报告在规定时间报送给省级主管部门,并由接受委托对年度排放报告进行技术审核的技术服务机构进行审核,重点排放单位经核查的碳排放量是其配额分配和清缴履约的重要依据。由此可见,技术服务机构是量化重点排放单位碳排放、合规编制温室气体排放报告、确定相应重点排放单位配额清缴量的重要参与主体,是确保重点排放单位数据质量的重要主体。若技术服务机构在同一省、自治区、直辖市范围内既从事重点排放单位温室气体排放年度报告编制,又从事该重点排放单位温室气体排放年度报告的技术审核,则有可能同时参与某一家重点排放单位的年度温室气体排放报告编制及审核工作,或者存在间接的利益关系,则该技术服务机构既是"运动员",又是"裁判员",存在该重点排放单位温室气体排放数据质量失真的潜在风险,应予以规避。同时,考虑到若在全国范围内统一禁止同一技术服务机构同时从事年度排放报告编制业务和技术审核业务,现有技术服务机构的数量恐无法满足全国碳市场年度排放报告编制业务和技术审核业务的实际需求,故本条例将范围限定在同一省、自治区、直辖市范围内。

第十四条 重点排放单位应当根据省级人民政府生态环境主管部门对年度排放报告的核查结果,按照国务院生态环境主管部门规定的时限,足额清缴其碳排放配额。

> 重点排放单位可以通过全国碳排放权交易市场购买或者出售碳排放配额，其购买的碳排放配额可以用于清缴。
>
> 重点排放单位可以按照国家有关规定，购买经核证的温室气体减排量用于清缴其碳排放配额。

【释义】 本条是关于重点排放单位碳排放配额清缴义务和相应权利的规定。

一、重点排放单位应当按照规定完成碳排放配额清缴的义务

清缴碳排放配额，是指重点排放单位在生态环境部规定时限内，向省级人民政府生态环境主管部门提交规定年度的碳排放配额，清缴量应大于等于核查结果确认的该重点排放单位规定年度的温室气体实际排放量。重点排放单位完成碳排放配额清缴义务是碳市场实现碳减排目标的前提条件。

根据本条第1款的规定，碳排放配额清缴是重点排放单位的强制性法律义务，核查结果是重点排放单位碳排放配额清缴依据。重点排放单位应根据省级人民政府生态环境主管部门对其年度排放报告的核查结果，在生态环境部有关制度规范、工作通知的规定时限内，足额清缴碳排放配额，履行控制碳排放的责任。

生态环境部2020年12月印发的《碳排放权交易管理办法（试行）》（生态环境部令第19号）明确规定，重点排放单位应当在生态环境部规定的时限内，向分配配额的省级人民政府生态环境主管部门清缴上年度的碳排放配额，清缴量应当大于等于省级人民政府生态环境主管部门核查结果确认的该单位上年度温室气体实际排

放量；省级人民政府生态环境主管部门应当组织开展对重点排放单位温室气体排放报告的核查，并将核查结果告知重点排放单位。核查结果应当作为重点排放单位碳排放配额清缴的依据。

2021年10月，生态环境部印发了《关于做好全国碳排放权交易市场第一个履约周期碳排放配额清缴工作的通知》（环办气候函〔2021〕492号），对发电行业重点排放单位2019—2020年度配额核定及清缴配额量确认、配额清缴时限、加强对配额清缴工作的组织领导等事项进行安排。根据《2019—2020年全国碳排放权交易配额总量设定与分配实施方案（发电行业）》，2019和2020年度碳排放数据核查完成后，按机组2019和2020年度的实际供电（热）量对配额进行最终核定；纳入配额管理的重点排放单位应在规定期限内通过全国碳排放权注册登记系统向其生产经营场所所在地省级生态环境主管部门清缴不少于经核查排放量的配额量，履行配额清缴义务。

2023年3月，生态环境部印发《关于做好2021、2022年度全国碳排放权交易配额分配相关工作的通知》（国环规气候〔2023〕1号），对配额清缴时限、组织开展国家核证自愿减排量（CCER）抵销配额清缴进行规定。根据《2021、2022年度全国碳排放权交易配额总量设定与分配实施方案（发电行业）》，省级生态环境主管部门应根据各重点排放单位2021、2022年度碳排放核查结果以及履约豁免机制和灵活机制，确定本行政区域内各机组及重点排放单位2021、2022年度应发放配额量与应清缴配额量。重点排放单位应于2023年12月31日前通过全国碳排放权注册登记系统向省级生态环境主管部门完成配额清缴。

二、碳排放配额清缴的方式

为了切实保障重点排放单位履行其控制碳排放责任方式的选择权，重点排放单位可以通过多种方式完成配额清缴，除了自主通过低碳技术应用和精细化碳排放管理实现碳减排，还可以通过购买碳排放配额、购买经核证的温室气体减排量用于清缴。

本条第 2 款规定，全国碳排放权交易市场的重点排放单位可以在市场上购买和出售碳排放配额，其购买的碳排放配额可以用于清缴。这一规定有利于通过市场机制促进企业控制温室气体排放、降低全社会减排成本。

本条第 3 款规定，重点排放单位可以按照国家有关规定，购买经核证的温室气体减排量，用于清缴其碳排放配额。这里的"国家有关规定"包括《碳排放权交易管理办法（试行）》（生态环境部令第 19 号）、《温室气体自愿减排交易管理办法（试行）》（生态环境部、国家市场监督管理总局令第 31 号）和国务院生态环境主管部门出台的配额清缴工作通知等具体规定。

《碳排放权交易管理办法（试行）》（生态环境部令第 19 号）规定，重点排放单位每年可以使用经核证的温室气体减排量抵销碳排放配额的清缴，抵销比例不得超过应清缴碳排放配额的 5%。《温室气体自愿减排交易管理办法（试行）》（生态环境部、国家市场监督管理总局令第 31 号）对核证自愿减排量（CCER）的登记、交易和注销等活动作出规定，核证自愿减排量按照国家有关规定用于抵销全国碳排放权交易市场和地方碳排放权交易市场碳排放配额清缴、大型活动碳中和、抵销企业温室气体排放等用途的，应当在注册登记系统中予以注销。《关于做好全国碳排放权交易市场第一个履约周期碳排放配额清缴工作的通知》《关于全国碳排放权交易市场 2021、2022 年度碳排放配额清缴相关工作的通知》分别明确了相应年度的 CCER 抵销配额清缴条件及程序。

建立抵销机制是国际碳市场和国内碳市场促进重点排放单位清缴履约完成的重要途径。比如，在欧盟碳市场启动的第一阶段，允许特定条件下清洁发展机制（CDM）核证减排量（CER）用于配额清缴履约抵销；北京试点碳市场设定了配额清缴抵销机制条件，即重点碳排放单位可使用碳减排量抵销其部分碳排放量，使用比例不得高于当年确认碳排放量的 5%。碳减排量包括全国温室气体核证自愿减排量、本市审定的自愿减排量，1 吨碳减排量可抵销 1 吨碳排放量。

> **第十五条** 碳排放权交易可以采取协议转让、单向竞价或者符合国家有关规定的其他现货交易方式。
>
> 禁止任何单位和个人通过欺诈、恶意串通、散布虚假信息等方式操纵全国碳排放权交易市场或者扰乱全国碳排放权交易市场秩序。

【释义】 本条是关于碳排放权交易的交易方式，以及禁止操纵市场、禁止扰乱市场秩序的规定。

一、碳排放权交易的交易方式

碳排放权交易通过将温室气体控排责任压实到企业，利用市场机制发现合理碳价，充分发挥碳市场资源优化配置功能。本条例第5条已明确全国碳排放权交易机构负责组织开展碳排放权集中统一交易。纳入全国碳排放权交易市场的温室气体重点排放单位等交易主体，可以根据自身需要，通过全国碳排放权交易系统，购买或者出售碳排放配额等碳排放权交易产品。具体交易方式包括协议转让、单向竞价或者符合国家有关规定的其他现货交易方式。根据《碳排放权交易管理规则（试行）》（生态环境部公告2021年第21号），碳排放配额的清算交收业务，由全国碳排放权注册登记机构根据全国碳排放权交易机构提供的成交结果按规定办理。

（一）协议转让

协议转让是指交易双方协商达成一致意见并确认成交的交易方式。根据生态环境部2021年5月发布的《碳排放权交易管理规则（试行）》（生态环境部公告2021年第21号），全国碳排放权交易市场中，协议转让包括挂牌协议交易及大宗协议交易。

1. 挂牌协议交易

挂牌协议交易是指交易主体通过交易系统提交卖出或者买入挂牌申报，意向受让方或者意向出让方对挂牌申报进行协商并确认成交的交易方式。具体交易方式为：所有参与碳排放权交易的交易主体进行公开挂牌申报，所有买入的有效挂牌申报按照报价由高到低的顺序排列，所有卖出的有效挂牌申报按照报价由低到高的顺序排列，报价相同的按照挂牌申报的先后时间顺序排列。其他交易主体查看实时挂牌行情，按照价格优先的原则，摘选价格最优的挂牌申报完成交易。同一价位有多个挂牌申报的，意向受让方或者意向出让方可以选择任意对手方完成交易。成交数量可为意向受让方或者意向出让方申报数量。

2. 大宗协议交易

大宗协议交易是指交易双方通过交易系统进行报价、询价并确认成交的交易方式。具体交易方式为：所有参与碳排放权交易的交易主体通过定向报价或群组报价的方式进行报价，定向报价需指定对手方后才能报价，群组报价需先确定两个及以上意向对手方组成群组后才能报价。交易主体可发起买卖申报，或与已发起申报的交易对手方进行对话议价或直接与对手方成交。

根据生态环境部 2021 年 5 月 14 日发布的《碳排放权交易管理规则（试行）》（生态环境部公告 2021 年第 21 号），交易机构应当对不同交易方式的单笔买卖最小申报数量及最大申报数量、涨跌幅比例进行设定，并可以根据市场风险状况进行调整。

（二）单向竞价

在全国碳排放权交易市场中，单向竞价是指交易主体向全国碳排放权交易机构提出卖出或买入申请，全国碳排放权交易机构发布竞价公告，多个意向受让方或者意向出让方按照规定报价，在约定时间内通过全国碳排放权交易系统成交的交易方式。《关于全国碳排放权交易相关事项的公告》（沪环境交〔2021〕34 号）明确规定，根据市场发展情况，全国碳排放权交易系统目前提供单向竞买功能。比如，交易主体开展配额拍卖、主管部门组织开展配额拍卖等交易活动，可以适用单向竞价相关业务规定。

（三）其他现货交易方式

下一步，结合全国碳排放权交易市场发展的需要，可以按照国家有关规定进一步丰富其他的现货交易方式，比如集中竞价等，由全国碳排放权交易机构依据本条例第 5 条要求，按照国家有关规定在相关业务规则中予以明确。

二、禁止操纵市场或者扰乱市场秩序

本条对操纵市场、扰乱市场交易秩序的行为作了明确的禁止性规定。

（一）主体：任何单位和个人

本条例第 7 条分别对全国碳排放权交易市场的交易主体、禁止交易主体作出了规定。本条规定中的"单位"包括重点排放单位、符合国家有关规定的其他交易主体、生态环境主管部门、其他对碳排放权交易及相关活动负有监督管理职责的部门、全国碳排放权注册登记机构、全国碳排放权交易机构、技术服务机构、其他单位等；"个人"包括前述单位的工作人员、其他自然人等。可见，全国碳排放权交易市场的交易主体、监管主体、技术服务机构等市场参与方、其他单位和社会公众，均须遵守本条的规定。

（二）行为方式：欺诈、恶意串通、散布虚假信息等

本条规定列举了禁止任何单位和个人实施的操纵市场或者扰乱市场秩序行为，包括欺诈、恶意串通、散布虚假信息等。

1. 欺诈

欺诈是指故意告知对方虚假情况，或者故意隐瞒真实情况，诱使对方基于错误判断作出意思表示。诚实信用是民事主体所必须遵循的基本原则。实行这一原则对于维护交易双方利益，保证交易活动正常进行，具有重要作用。《中华人民共和国民法典》第 7 条规定："民事主体从事民事活动，应当遵循诚信原则，秉持诚实，恪守

承诺。"《中华人民共和国民法典》第 148 条进一步规定，一方以欺诈手段，使对方在违背真实意思的情况下实施的民事法律行为，受欺诈方有权请求人民法院或者仲裁机构予以撤销。在全国碳排放权交易市场中，如相关单位和个人通过欺诈，使市场参与主体对市场行情、配额分配情况、温室气体排放情况等形成错误判断，从而作出违背自己真实意愿的意思表示，将对市场参与主体利益和市场秩序构成影响，应当严格禁止。

2. 恶意串通

恶意串通是指行为人与相对人互相串通实施意在损害他人合法权益的行为。《中华人民共和国民法典》第 154 条规定："行为人与相对人恶意串通，损害他人合法权益的民事法律行为无效。"在交易活动中，恶意串通的典型形式之一是，交易双方以事先约定好的时间、价格、交易方式等联合进行买卖交易，在短时间内对同一种交易产品反复进行买进又卖出，目的是抬高或者打压交易价格，造成市场虚假繁荣或者萧条的假象，诱导其他交易主体盲目跟进。恶意串通将对其他交易主体和交易市场秩序造成影响，应当严格禁止。

3. 散布虚假信息

散布虚假信息是指通过恶意散布虚假信息或不实资料、发布有关虚假或误导性的声明等方式进行信息误导，使市场参与主体作出错误的判断，利益受到损失。在交易市场中，交易主体进行交易决策的依据通常是有关交易市场的各类信息。在全国碳排放权交易市场中，碳市场法规制度、碳排放配额分配方案、重点排放单位配额盈缺情况、交易价格等各类信息的传播，都可能会对碳排放权交易市场造成影响。公布真实的信息，有助于市场参与主体了解市场真实情况，作出正确选择。因此，对于散布虚假信息，诱导其他交易主体交易或作出错误判断的行为，应当坚决予以禁止。

除欺诈、恶意串通、散布虚假信息之外，对于采用其他方式操纵市场或者扰乱市场秩序的行为，本条例同样予以禁止，采用兜底方式以便适应复杂的实际情况，从而维护全国碳排放权交易市场健康发展。

（三）性质：操纵全国碳排放权交易市场或者扰乱全国碳排放权交易市场秩序

禁止操纵市场或者扰乱市场秩序是一项重要的法律原则，也是各国金融市场普遍的规则之一。操纵市场或者扰乱市场秩序具有类似的行为特点，一般是指单独或者与他人合谋利用资金优势、持有交易产品数量优势、信息优势及其他手段，人为抬高、打压、固定市场行情或意图抬高、打压、固定市场行情。

从国内外交易市场运行实践来看，影响交易价格是操纵市场和扰乱市场秩序的主要目的之一，也是各类交易市场的重点监控指标。全国碳排放权交易市场通过价格信号来引导碳减排资源的优化配置，从而降低全社会减排成本，推动绿色低碳产业投资，引导资金流动。从微观和近期来看，碳排放权交易价格主要由碳排放配额等交易产品的供需情况决定。从宏观和长远看，碳排放权交易价格由经济运行和行业发展总体状况和趋势决定。

碳排放权交易价格通过市场交易形成，出现价格波动属于正常现象。但是，如果通过操纵市场或者扰乱市场，导致出现严重的异常波动，将破坏全国碳排放权交易市场公平竞争的市场环境，扭曲交易市场正常的供求关系，对交易市场秩序具有极大的破坏性，必须予以禁止。

国内外碳市场及其他交易市场发展实践表明，营造公平、高效、有序的市场环境，才能促进各类市场主体在合规交易的同时保障自身权益。本条例施行后，还需要在交易市场平稳运行的基础上，从服务碳达峰碳中和、推进生态文明建设和美丽中国建设的战略高度出发，充分发挥市场化机制配置资源的作用，持续筑牢制度基础，规范市场交易活动，激发各类市场主体创新活力和发展动力，为全面建设更加有效、更有活力、更具国际影响力的碳市场奠定坚实的基础。

> 第十六条　国务院生态环境主管部门建立全国碳排放权交易市场管理平台，加强对碳排放配额分配、清缴以及重点排放单位温室气体排放情况等的全过程监督管理，并与国务院有关部门实现信息共享。

【释义】　本条是关于国家加强全国碳市场管理平台建设，实现对全国碳排放权交易市场全过程监督管理，并与有关部门信息共享等的规定。

一、建立全国碳市场管理平台是实现全国碳排放权交易市场全过程监督管理的重要手段

温室气体排放的数据质量是保障全国碳排放权交易市场健康有序发展的生命线，也是市场健康运行的基础和前提。全国碳排放权交易市场启动上线交易以来，总体运行平稳，取得了良好效果。但同时，碳排放数据质量问题也引发社会广泛关注。碳排放数据质量管理涉及重点排放单位、技术服务机构、有关部门等多个主体，是复杂的系统工程。为确保数据质量，提升数据质量管理效率，2023年2月全国碳市场管理平台上线运行。全国碳市场管理平台通过大数据、智能化手段，将碳排放数据报送、日常监管、第三方核查、分析决策、监督检查等各环节进行全业务线上操作，对配额分配和清缴履约等进行监督管理，对数据进行统一管理和集中调度，已经取得良好效果。一是实现了碳排放数据系统性、全过程规范和全要素管理；二是实现了监管重点由末端管控拓展至全过程管理；三是构建了数据人工审核模式并拓展至大数据智能化监管新功能，优化了数据质量管理工作流程，提升了数据质量管理工作成效；四是有效支撑实施数据质量"国家—省—市"三级联审工作机制，强化了对重点排放单位碳排放的日常监管，确保重点排放单位完成碳排放关键参数月度存证，服务省、市两级生态环境主管部门加强数据质量审核。全国碳市场管理平台相关功能还在不断优化完善，进一步提升全国碳市场监管的信息化智能化水平。

二、建立全国碳市场管理平台是实现全国碳市场信息共享的重要途径

政务信息资源共享是便利企业和群众生产经营与办事创业、畅通国民经济循环、加快构建新发展格局的重要支撑，是建设人民满意的服务型政府、推进国家治理体系和治理能力现代化的内在要求。党中央、国务院高度重视政务信息资源共享工作，印发《国务院办公厅关于建立健全政务数据共享协调机制加快推进数据有序共享的意见》（国办发〔2021〕6号）和《国务院关于加强数字政府建设的指导意见》（国发〔2022〕14号）等文件，要求加强数据汇聚融合、共享开放和开发利用，促进数据依法有序流动，充分发挥政务数据在提升政府履职能力、支撑数字政府建设以及推进国家治理体系和治理能力现代化中的重要作用。

碳排放权交易管理涉及多个部门，关联性强、业务量大、时间相对集中。如果有关数据在采集、共享、使用中不联不通，不仅影响跨部门和跨地区之间的环境治理协同效果，还会产生"信息孤岛"问题，造成资源浪费和信息封锁。建立一个跨部门、跨领域、跨系统的全国碳市场管理平台，强化跨部门政策、业务、系统协同和数据共享，推进数据融合应用，提升数据资源使用效益，是保障全国碳排放权交易市场科学决策，加强全国碳排放权交易市场各项工作的基本保障。

《关于做好2023—2025年发电行业企业温室气体排放报告管理有关工作的通知》明确要求，各省级生态环境部门应组织重点排放单位和有关技术支撑单位通过管理平台报送上一年度温室气体排放报告及相关核查工作。作为全国碳排放权交易市场温室气体排放报告及核查数据的汇聚和处理中心，全国碳市场管理平台的建设应用将是实现全国碳市场信息共享的重要途径。

第十七条 生态环境主管部门和其他负有监督管理职责的部门，可以在各自职责范围内对重点排放单位等交易主体、技术服务机构进行现场检查。

生态环境主管部门和其他负有监督管理职责的部门进行现场

> 检查，可以采取查阅、复制相关资料，查询、检查相关信息系统等措施，并可以要求有关单位和个人就相关事项作出说明。被检查者应当如实反映情况、提供资料，不得拒绝、阻碍。
>
> 进行现场检查，检查人员不得少于 2 人，并应当出示执法证件。检查人员对检查中知悉的国家秘密、商业秘密，依法负有保密义务。

【释义】 本条是关于有关主管部门对重点排放单位等交易主体和技术服务机构开展现场检查的规定。

一、关于检查主体和检查对象

本条第 1 款规定，生态环境主管部门和其他负有监督管理职责的部门，可以在各自职责范围内对重点排放单位等交易主体、技术服务机构进行现场检查。

生态环境主管部门是指生态环境部、省级人民政府生态环境主管部门和设区的市级人民政府生态环境主管部门。

其他负有监督管理职责的部门是指涉及全国碳排放权交易管理的国务院有关部门和地方人民政府有关部门。碳排放权交易管理部门呈现多级、多部门协作监管态势。结合本条例有关规定看，这里的"有关部门"主要包括发展改革、工业和信息化、财政、自然资源、住房和城乡建设、交通运输、人民银行、市场监管、银行业监督管理、统计、能源、林业和草原、民用航空等部门。

上述部门在各自职责范围内可以对重点排放单位等交易主体、本条例规定的有关技术服务机构开展现场检查工作。

二、关于检查手段和方式

本条第 2 款规定，生态环境主管部门和其他负有监督管理职责的部门进行现场检查，可以采取查阅、复制相关资料，查询、检查相关信息系统等措施，并可以要求有关单位和个人就相关事项作出说明。

这是对主管部门进行现场检查的方式方法的授权性规定。生态环境主管部门和其他负有监督管理职责的部门进入重点排放单位或者有关技术服务机构开展入企检查时，可以查阅、复制相关资料，包括重点排放单位的年度排放报告、月度存证材料、过磅单、皮带秤记录、化石燃料购销存合同及台账、盘库存台账、采样制样存样送样记录及原始凭证、煤质检测报告、生产系统记录台账、电力热力结算凭证等资料；有关技术服务机构的资质证明、存档资料、人员档案、服务合同、原始凭证等资料。对于能够充分反映问题的关键资料，检查人员有权通过复印、拷贝等方式复制相关资料。

查询、检查相关信息系统是指检查人员可以对重点排放单位的中控系统、磅房记录系统、燃煤化验系统、财务系统、结算系统等信息系统进行查询，调阅系统中留存数据、资料等信息。

检查人员有权要求有关单位和个人，针对关键问题或者不明事项进行说明，形成具有执法效力的证据材料。

三、被检查对象的义务

本条第 2 款规定，被检查者应当如实反映情况、提供资料，不得拒绝、阻碍。

重点排放单位或者有关技术服务机构在接受有关主管部门检查时，应当真实、客观、准确地描述事实，对检查人员提出的资料需求予以及时全面的响应，按要求准备好所需材料待查。对于检查人员提出的问题，不得拒绝回答；对于检查人员提出的资料需求，不得拒绝提供或者谎称资料丢失；对于检查人员提出的现场检查措施，应当予以积极配合，不得阻碍。

四、关于检查程序性要求

本条第3款规定，进行现场检查，检查人员不得少于2人，并应当出示执法证件。

为进一步加强生态环境执法队伍建设，促进严格、规范、公正、文明、廉洁执法，根据《中华人民共和国环境保护法》、《中华人民共和国行政处罚法》及《生态环境行政处罚办法》等法律法规规章，结合执法工作实际，生态环境部修订了《生态环境执法人员行为规范》，其中第3章执法规范第9条明确规定，在调查或者进行检查时，执法人员不得少于2人。应当主动向当事人或有关人员出示行政执法证件，告知其申请回避的权利和配合调查的义务。开展暗查或者其他不便于亮证告知的，遵守相关规定。

五、关于检查人员保密义务的规定

本条第3款规定，检查人员对检查中知悉的国家秘密、商业秘密，依法负有保密义务。

根据生态环境部印发的《生态环境执法人员行为规范》第19

条规定，检查人员应当遵守保密规定，不得泄露国家秘密、工作秘密，不得泄露因履行职责掌握的商业秘密，不得泄露举报人、投诉人的个人信息等。碳排放数据保密级别较高，直接反映宏观经济信息和重点排放单位运营信息，检查人员对检查过程中获悉的相关数据、资料和其他秘密，负有保密义务。

> **第十八条** 任何单位和个人对违反本条例规定的行为，有权向生态环境主管部门和其他负有监督管理职责的部门举报。接到举报的部门应当依法及时处理，按照国家有关规定向举报人反馈处理结果，并为举报人保密。

【释义】 本条是关于任何单位和个人对违反本条规定的行为有权进行举报的规定。

举报是社会公众自发对违法乱纪行为向有权机关检举报告的制度。本条例作为指导我国碳市场运行管理的重要法规依据，明确了举报制度，赋予公民举报权利，并明确了举报对象和对举报人的保护。

公民有权举报。《中华人民共和国宪法》第 41 条规定，中华人民共和国公民对于任何国家机关和国家工作人员，有提出批评和建议的权利；对于任何国家机关和国家工作人员的违法失职行为，有向有关国家机关提出申诉、控告或者检举的权利，但是不得捏造或者歪曲事实进行诬告陷害。据此，有不少法律法规在不同管理领域赋予了公民举报的权利。如《中华人民共和国水污染防治法》《中华人民共和国固体废物污染环境防治法》都规定了任何单位和个人都有权对污染损害环境的行为进行举报。举报体现了依靠群众原则，是行政机关发现问题、纠正违法行为的重要途径。多数行政管理领域中都建立了相应的举报制度，引导和接受群众举报。

本条例强化政府、企业、注册登记机构和交易机构、技术服务机构等各方主体责任，全面加强了对碳排放权交易主体、交易活动及碳市场风险的监管力度，对全国碳排放权交易市场相关参与方违法违规行为进行严管、严查、严罚并形成有效震慑。生态环境主管部门和其他负有监督管理职责的部门只有依靠群众、为了群众，才能做好监管工作。生态环境部门高度重视举报制度建设，1997年国家环境保护总局就发布了《关于建立全国环境保护举报制度的指导意见》，对环境保护举报制度的重点和工作推进作了要求和部署，不少地方都相应出台了举报制度，建立了全国性"12369"环境保护投诉举报电话。生态环境领域中的举报有了较好的制度和实践基础。

举报的本质是公众就全国碳排放权交易市场运行中的现象和行为发表意见、表达诉求，属于公众参与的范畴，也是社会监督的重要形式。

本条将举报作为公众参与的一种重要形式，从加强公众参与的角度对举报作了两方面规定：

一是建立健全举报制度。举报不一定要求内容完全客观、准确，但也不能滥用，更不得捏造或者诬告。有关行政机关应当依法保护公众的举报权利，建立举报的具体制度，方便公众举报，并依法及时处理。唯有科学、严谨、统一的举报制度，才符合宪法规定，才能切实保障举报人和被举报人的合法权益，才能监督和保障行政机关依法、及时、有效地调查举报线索。有关国家行政机关必须查清事实，负责处理并依法及时向举报人反馈处理结果。完善的举报制度，可以将公民、组织与违法犯罪作斗争的积极性和法律监督程序结合起来，从而降低法律监督的成本。

二是加大对举报人的保护。只有举报人的相关信息不泄露，得到很好的保密，才能让举报人没有后顾之忧，防止被举报人对举报人打击报复。一些地方在有关环境保护举报的规定中规定了对举报者按照有关规定给予奖励，这是对举报制度的细化和完善，有利于举报制度的运行和发挥实际作用。

第十九条 生态环境主管部门或者其他负有监督管理职责的部门的工作人员在碳排放权交易及相关活动的监督管理工作中滥用职权、玩忽职守、徇私舞弊的，应当依法给予处分。

【释义】 本条是关于生态环境主管部门或者其他负责监督管理职责部门的工作人员不依法履行碳排放权交易及相关活动监督管理职责所应当承担的法律责任的规定。

本条规定是为了确保碳排放权交易及相关活动的监督管理工作的公正、公平和透明，防止任何形式的滥用职权、玩忽职守和徇私舞弊行为，以维护碳排放权交易市场秩序。

一、违法行为

根据本条规定，生态环境主管部门或者其他负有监督管理职责的部门的工作人员，在碳排放权交易及相关活动的监督管理工作中滥用职权、玩忽职守、徇私舞弊的，应当承担相应的法律责任。

这里的监管部门工作人员，包括生态环境部、省级人民政府生态环境主管部门、设区的市级人民政府生态环境主管部门的有关工作人员，以及其他负有监督管理职责的部门的工作人员。他们的工作涉及对碳排放权交易及相关活动的监督管理。

滥用职权通常是指工作人员超越其职责范围，或者在不遵循规定程序和规定条件的情况下行使权力，造成不良影响或损害公共利益。

玩忽职守通常是指工作人员对职责范围内的事务不认真对待，未能尽职尽责，导致工作失误或疏漏，对碳排放权交易及相关活动的监督管理产生不良影响。

徇私舞弊通常是指工作人员为了个人或特定群体的利益，故意违反规定，采取不正当手段，对碳排放权交易及相关活动的监督管理进行干扰或破坏。

二、法律责任

根据本条规定，一旦发现有工作人员在碳排放权交易及相关活动的监督管理工作中存在滥用职权、玩忽职守、徇私舞弊等行为，应当依照《中华人民共和国公职人员政务处分法》、《中华人民共和国公务员法》和《行政机关公务员处分条例》等相关法律、法规，对其实施相应的处分。这里所指处分，包括警告、记过、记大过、降级、撤职、开除。

除行政处分外，相关工作人员的违法行为构成犯罪的，还应当承担相应的刑事责任，包括滥用职权罪、玩忽职守罪。根据《中华人民共和国刑法》第 397 条的规定：国家机关工作人员滥用职权或者玩忽职守，致使公共财产、国家和人民利益遭受重大损失的，构成滥用职权罪或者玩忽职守罪。对犯本罪的，处 3 年以下有期徒刑或者拘役，情节特别严重的，处 3 年以上 7 年以下有期徒刑。国家机关工作人员徇私舞弊，犯上述罪行的，处 5 年以下有期徒刑或者拘役，情节特别严重的，处 5 年以上 10 年以下有期徒刑。

第二十条　生态环境主管部门、其他负有监督管理职责的部门、全国碳排放权注册登记机构、全国碳排放权交易机构以及本条例规定的技术服务机构的工作人员参与碳排放权交易的，由国务院生态环境主管部门责令依法处理持有的碳排放配额等交易产品，没收违法所得，可以并处所交易碳排放配额等产品的价款等值以下的罚款；属于国家工作人员的，还应当依法给予处分。

【释义】　本条是关于禁止参与碳排放权交易的有关人员违法参与碳排放权交易所应当承担的法律责任的规定。

本条例第 7 条第 1 款和第 2 款，分别对碳排放权交易的参与主体作出了界定和排除性规定，本条与其对应明确了相应的法律责任。

一、违法主体

本条例第 7 条第 1 款对碳排放权交易的参与主体予以明确，具体而言分为两类：

一是纳入全国碳排放权交易市场的温室气体重点排放单位；二

是符合国家有关规定的其他主体。这为温室气体排放的更有效控制和全国碳排放权交易市场的长远发展，预留了交易主体的扩容空间。2023年12月27日发布的《中共中央 国务院关于全面推进美丽中国建设的意见》要求，到2035年，建成更加有效、更有活力、更具国际影响力的碳市场。除纳入全国碳排放权交易市场的温室气体重点排放单位外，符合国家规定的其他主体参与碳排放权交易，将更加有助于碳市场建设目标的实现。

同时，本条例第7条第2款对禁止参与碳排放权交易的主体也作了明确规定，具体包括：一是生态环境主管部门的工作人员；二是对碳排放权交易及相关活动负有监督管理职责的其他部门的工作人员；三是全国碳排放权注册登记机构的工作人员；四是全国碳排放权交易机构的工作人员；五是本条例规定的技术服务机构的工作人员。

如果上述五类人员参与碳排放权交易，则违反了本条例第7条第2款的禁止性规定，构成违法行为，应当承担相应的法律责任。因此，本条规定的违法行为主体是特定的，即上述五类禁止参与碳排放权交易的人员。

二、法律责任

2021年修订的《中华人民共和国行政处罚法》第28条规定，行政机关实施行政处罚时，应当责令当事人改正或者限期改正违法行为。当事人有违法所得，除依法应当退赔的外，应当予以没收。违法所得是指实施违法行为所取得的款项。法律、行政法规、部门规章对违法所得的计算另有规定的，从其规定。根据上述规定，对当事人的违法行为，行政机关既要依法实施行政处罚，又要责令其改正；有违法所得的，还要予以没收，不能任其违法获利。

本条规定了承担法律责任的四种形式：

一是责令改正，即责令其依法处理持有的碳排放配额等交易产品。在性质上，这是责令改正违法行为的行政命令。在行政裁量权上，对上述五类人员参与碳排放权交易的违法行为，必须责令其改正，没有裁量选择的余地。

二是没收违法所得，即对违法交易所取得的款项予以强制性剥夺，上缴国库。在性质上，这是行政处罚种类之一，属于行政责任。在行政裁量权上，对上述五类人员参与碳排放权交易的违法所得，必须强制收缴，没有裁量选择余地。《生态环境行政处罚办法》（2023年5月8日生态环境部令第30号公布，自2023年7月1日起施行）第88条也作了同样规定，当事人有违法所得，除依法应当退赔的外，应当予以没收。违法所得是指实施违法行为所取得的款项。法律、行政法规对违法所得的计算另有规定的，从其规定。

三是罚款，数额在所交易碳排放配额等产品的价款等值以下。在性质上，这也是行政处罚种类之一，属于行政责任。《生态环境行政处罚办法》第41条规定，行使生态环境行政处罚裁量权应当符合立法目的，并综合考虑以下情节：（1）违法行为造成的环境污染、生态破坏以及社会影响；（2）当事人的主观过错程度；（3）违法行为的具体方式或者手段；（4）违法行为持续的时间；（5）违法行为危害的具体对象；（6）当事人是初次违法还是再次违法；（7）当事人改正违法行为的态度和所采取的改正措施及效果。因此，在行政裁量权上，对上述人员参与碳排放权交易的违法行为，是否处以罚款、罚款数额多少，可以综合考虑违法情节和相关因素，在所交易碳排放配额等产品的价款等值以下，裁量决定。

四是给予处分。在性质上，这属于纪律责任，依据《中华人民共和国公职人员政务处分法》、《中华人民共和国公务员法》和《行政机关公务员处分条例》作出，仅仅适用于国家工作人员，对非国家工作人员不适用。如《中华人民共和国公职人员政务处分法》第3条规定，监察机关应当按照管理权限，加强对公职人员的监督，依法给予违法的公职人员政务处分。公职人员任免机关、单位应当按照管理权限，加强对公职人员的教育、管理、监督，依法给予违法的公职人员处分。《中华人民共和国公务员法》第61条规定，公务员因违纪违法应当承担纪律责任的，给予处分或者由监察机关依法给予政务处分。处分和政务处分均有六种：警告、记过、记大过、降级、撤职、开除。需要说明的是，对同一违纪违法行为，监察机关已经作出政务处分决定的，公务员任免机关不再给予处分。

三、实施主体

本条规定的法律责任，由两类主体分别实施：

一是生态环境部。对违法参与碳排放权交易的行政法律责任，如责令依法处理持有的碳排放配额等交易产品、没收违法所得、罚款，由生态环境部实施；其他层级的生态环境主管部门或者其他部门，无权实施。

二是任免机关或者监察机关。对国家工作人员纪律责任的追究，如警告、记过、记大过、降级、撤职、开除，由其任免机关或者监察机关实施。

> 第二十一条 重点排放单位有下列情形之一的，由生态环境主管部门责令改正，处 5 万元以上 50 万元以下的罚款；拒不改正的，可以责令停产整治：
> （一）未按照规定制定并执行温室气体排放数据质量控制方案；
> （二）未按照规定报送排放统计核算数据、年度排放报告；
> （三）未按照规定向社会公开年度排放报告中的排放量、排放设施、统计核算方法等信息；
> （四）未按照规定保存年度排放报告所涉数据的原始记录和管理台账。

【释义】 本条是关于纳入全国碳排放权交易市场的温室气体重点排放单位违反数据质量控制和信息报送、公开、保存等方面管理规定所应当承担的法律责任的规定。

本条例第 11 条规定了纳入全国碳排放权交易市场的温室气体重点排放单位的法律义务，本条与第 11 条第 1 款和第 3 款相对应明确了相应的法律责任。

一、违法主体

本条例第 11 条针对纳入全国碳排放权交易市场的温室气体重点排放单位，规定了法律义务。纳入全国碳排放权交易市场的温室气体重点排放单位不履行法律义务，则违法。因此，纳入全国碳排放权交易市场的温室气体重点排放单位,是本条规定的违法行为主体。

二、违法行为

本条规定了四种违法行为,分别是:

一是未按照规定制定并执行温室气体排放数据质量控制方案。数据质量是数据的生命线。为了提高数据质量,本条例第11条第1款明确要求,重点排放单位应当采取有效措施控制温室气体排放,按照国家有关规定和生态环境部制定的技术规范,制定并严格执行温室气体排放数据质量控制方案。如果重点排放单位不遵守上述规定,即未按照规定制定并执行温室气体排放数据质量控制方案,则构成违法行为,依法应当承担法律责任。

二是未按照规定报送排放统计核算数据、年度排放报告。对重点排放单位的排放数据核查,确认其温室气体实际排放量,是碳市场运行的重要环节。本条例第11条第1款明确要求,重点排放单位应当按照规定将排放统计核算数据、年度排放报告报送其生产经营场所所在地省级人民政府生态环境主管部门。如果重点排放单位不遵守上述规定,即未按照规定报送排放统计核算数据、年度排放报告,则构成违法行为,依法应当承担法律责任。

三是未按照规定向社会公开年度排放报告中的排放量、排放设施、统计核算方法等信息。向社会公开温室气体排放情况,是社会监督的基础。本条例第11条第3款明确要求,重点排放单位应当按照国家有关规定,向社会公开其年度排放报告中的排放量、排放设施、统计核算方法等信息。如果重点排放单位不遵守上述规定，即未按照规定向社会公开年度排放报告中的排放量、排放设施、统计核算方法等信息，则构成违法行为，依法应当承担法律责任。

四是未按照规定保存年度排放报告所涉数据的原始记录和管理台账。数据溯源是考究数据真假的有效途径。本条例第11条第3款明确要求，年度排放报告所涉数据的原始记录和管理台账应当至少保存5年。如果重点排放单位不遵守上述规定，则构成违法行为，依法应当承担法律责任。

三、法律责任

本条规定了承担法律责任的三种形式：

一是责令改正违法行为，回归合法状态。在性质上，这是责令改正违法行为的行政命令。在行政裁量权上，对重点排放单位的上述违法行为，必须责令其改正，除非已经没有改正的可能或者必要。

二是罚款，幅度在5万元以上50万元以下。在性质上，这是行政处罚种类之一，属于行政法律责任。在行政裁量权上，对重点排放单位的上述违法行为，有部分裁量权。具体而言，对是否处以罚款，无选择余地，必须处以罚款；对罚款数额多少，可以根据《生态环境行政处罚办法》第41条规定，综合考虑违法情节和相关因素，在5万元以上50万元以下，裁量决定。

三是责令停产整治。在性质上，这是行政处罚种类之一，属于行政法律责任。在行政裁量权上，本条涉及是否采取责令停产整治措施的裁量。重点排放单位因上述违法行为被责令改正的，如果仍然拒不改正，可以综合考虑违法情节和相关因素，决定是否责令其停产整治。

四、实施主体

对本条规定的违法行为的法律责任，由生态环境主管部门实施。

> 第二十二条　重点排放单位有下列情形之一的，由生态环境主管部门责令改正，没收违法所得，并处违法所得5倍以上10倍以下的罚款；没有违法所得或者违法所得不足50万元的，处50万元以上200万元以下的罚款；对其直接负责的主管人员和其他直接责任人员处5万元以上20万元以下的罚款；拒不改正的，按照50%以上100%以下的比例核减其下一年度碳排放配额，可以责令停产整治：
> （一）未按照规定统计核算温室气体排放量；
> （二）编制的年度排放报告存在重大缺陷或者遗漏，在年度排放报告编制过程中篡改、伪造数据资料，使用虚假的数据资料或者实施其他弄虚作假行为；
> （三）未按照规定制作和送检样品。

【释义】　本条是关于重点排放单位未按规定统计核算排放量、编制排放报告弄虚作假、未按规定制作和送检样品的法律责任的规定。

一、违法行为

本条规定的法律责任，其违法主体限定在重点排放单位，适用于重点排放单位实施的以下三种违法行为：

（一）未按照规定统计核算温室气体排放量

本条例第 11 条规定，重点排放单位应当按照国家有关规定和国务院生态环境主管部门制定的技术规范，使用依法经计量检定合格或者校准的计量器具开展温室气体排放相关检验检测，如实准确统计核算本单位温室气体排放量。重点排放单位应当对其排放统计核算数据的真实性、完整性、准确性负责。如果重点排放单位未按上述规定，如实准确统计核算本单位温室气体排放量，构成本条适用的违法行为。比如，未依法使用相关计量器具开展温室气体排放检测，致使温室气体排放量统计核算错误；未严格遵守国务院生态环境主管部门制定的技术规范，温室气体排放量统计核算严重失真等。

（二）编制年度排放报告存在弄虚作假行为

本条例第 11 条规定，重点排放单位应当按照国家有关规定和国务院生态环境主管部门制定的技术规范，制定并严格执行温室气体排放数据质量控制方案，如实准确统计核算本单位温室气体排放量，编制上一年度温室气体排放报告。重点排放单位应当对其年度排放报告的真实性、完整性、准确性负责。违反上述规定，在年度排放报告编制过程中弄虚作假的，构成本条适用的违法行为，具体包括以下四类行为：一是编制的年度排放报告存在重大缺陷或者遗漏；二是在年度排放报告编制过程中篡改、伪造数据资料；三是在年度排放报告编制过程中使用虚假的数据资料；四是在年度排放报告编制过程中实施其他弄虚作假行为。如何认定上述违法行为，主要依据国务院生态环境主管部门发布的相关规范性文件或技术规范，比如2022年生态环境部办公厅印发的《企业温室气体排放核算与报告指南 发电设施》等。

（三）未按照规定制作和送检样品

本条例第11条规定，重点排放单位应当按照国家有关规定和国务院生态环境主管部门制定的技术规范，使用依法经计量检定合格或者校准的计量器具开展温室气体排放相关检验检测，也可以委托依法设立的技术服务机构开展温室气体排放相关检验检测。第13条规定，重点排放单位应当按照国家有关规定制作和送检样品，对样品的代表性、真实性负责。据此，无论是自行检验检测，还是委托技术服务机构开展检验检测，重点排放单位都应当按照有关规定制作和送检样品，并对样品的代表性、真实性负责。违反上述规定的，构成本条适用的违法行为。委托技术服务机构开展检验检测的，一般情况下，受委托开展检验检测的技术服务机构，只对送检的样品负责。如果完全是因为重点排放单位没有按规定送检样品，导致最终的检验检测报告出现质量问题，应当承担责任的是重点排放单位，而非技术服务机构。

二、法律责任

（一）责令改正，没收违法所得

《中华人民共和国行政处罚法》第28条规定，行政机关实施行政处罚时，应当责令当事人改正或者限期改正违法行为。当事人有违法所得，除依法应当退赔的外，应当予以没收。本条规定的法律责任，与《中华人民共和国行政处罚法》的规定保持了衔接。重点排放单位实施本条规定的违法行为的，首先应当责令改正，即责令重点排放单位改正上述违法行为，同时没收违法所得。违法所得的计算方式，依照《中华人民共和国行政处罚法》第28条"违法所得是指实施违法行为所取得的款项"的规定执行。责令改正不属于行政处罚，没收违法所得属于《中华人民共和国行政处罚法》规定的行政处罚种类。

（二）罚款

本条规定的罚款，分两种情况：第一种情况是有违法所得，且违法所得在50万元以上的，应当在没收违法所得的同时，处违法所得5倍以上10倍以下的罚款；第二种情况是没有违法所得，或者违法所得不足50万元的，应当在没收违法所得的同时，处50万元以上200万元以下的罚款。第一种情况是倍数式的罚款，第二种情况是固定数额幅度的罚款。

此外，对重点排放单位的违法行为，本条还规定了"双罚制"，即在对重点排放单位实施罚款的同时，对其直接负责的主管人员和其他直接责任人员，也要处5万元以上20万元以下的罚款。需要注意的是，对重点排放单位直接负责的主管人员和其他直接责任人员实施的罚款，并不区分上述有无违法所得的情况。换言之，对重点排放单位，无论是按倍数式的罚款，还是按固定数额幅度的罚款进行处罚，都应当同时对其直接负责的主管人员和其他直接责任人员处以罚款。

（三）拒不改正时的加重处罚

如果重点排放单位无视生态环境主管部门作出的责令改正决定，拒不改正其违法行为，依照本条规定，生态环境主管部门应当按照50%以上100%以下的比例核减该单位下一年度碳排放配额，可以责令停产整治。需要注意的有几点：一是责令停产整治属于行政处罚，应当依照《中华人民共和国行政处罚法》的有关规定实施。二是责令停产整治不是必须要实施的处罚措施，是否责令停产整治，生态环境主管部门可以根据重点排放单位违法行为的情节轻重，按照行政裁量的要求，实事求是地作出决定。因此，责令停产整治与按比例核减下一年度碳排放配额可以同时实施，也可以只按比例核减下一年度碳排放配额，不责令停产整治。三是本条规定的按比例核减下一年度碳排放配额，针对的是依照本条例第9条的规定，下一年度本应发放给该重点排放单位的碳排放配额。对重点排放单位而言，发放的碳排放配额一旦减少，在其实际排放量不变的情况下，就意味着该单位需要在碳排放权交易市场上购买更多的碳排放配额，用于清缴，对惩戒其违法行为，督促其合法履行义务，具有重要意义。

三、实施主体

对本条规定的违法行为的法律责任，由生态环境主管部门实施。

第二十三条 技术服务机构出具不实或者虚假的检验检测报告的,由生态环境主管部门责令改正,没收违法所得,并处违法所得5倍以上10倍以下的罚款;没有违法所得或者违法所得不足2万元的,处2万元以上10万元以下的罚款;情节严重的,由负责资质认定的部门取消其检验检测资质。

技术服务机构出具的年度排放报告或者技术审核意见存在重大缺陷或者遗漏,在年度排放报告编制或者对年度排放报告进行技术审核过程中篡改、伪造数据资料,使用虚假的数据资料或者实施其他弄虚作假行为的,由生态环境主管部门责令改正,没收违法所得,并处违法所得5倍以上10倍以下的罚款;没有违法所得或者违法所得不足20万元的,处20万元以上100万元以下的罚款;情节严重的,禁止其从事年度排放报告编制和技术审核业务。

技术服务机构因本条第一款、第二款规定的违法行为受到处罚的,对其直接负责的主管人员和其他直接责任人员处2万元以上20万元以下的罚款,5年内禁止从事温室气体排放相关检验检测、年度排放报告编制和技术审核业务;情节严重的,终身禁止从事前述业务。

【释义】 本条是关于技术服务机构弄虚作假的法律责任的规定。

一、违法行为

本条规定的法律责任,其违法主体限定在技术服务机构,适用于技术服务机构实施的弄虚作假行为。适用本条规定的技术服务机构，包括以下三类：一是接受重点排放单位委托开展相关检验检测活动的技术服务机构；二是接受重点排放单位委托编制年度碳排放报告的技术服务机构；三是接受省级人民政府生态环境主管部门委托开展年度碳排放报告技术审核的技术服务机构。

适用本条规定的违法行为，都是针对弄虚作假的，具体包括以下几种：

（一）出具不实或者虚假的检验检测报告

本条例第13条第1款规定，接受委托开展温室气体排放相关检验检测的技术服务机构，应当遵守国家有关技术规程和技术规范要求，对其出具的检验检测报告承担相应责任，不得出具不实或者虚假的检验检测报告。如果该技术服务机构违反上述规定，没有遵守有关要求，出具了不实或者虚假的检验检测报告，应当依照本条规定予以处罚。2021年国家市场监督管理总局发布的《检验检测机构监督管理办法》（国家市场监督管理总局令第39号），明确了"不实或虚假"的检验检测报告的认定情形。该办法第13条第2款规定："检验检测机构出具的检验检测报告存在下列情形之一，并且数据、结果存在错误或者无法复核的，属于不实检验检测报告：（一）样品的采集、标识、分发、流转、制备、保存、处置不符合标准等规定，存在样品污染、混淆、损毁、性状异常改变等情形的；（二）使用未经检定或者校准的仪器、设备、设施的；（三）违反国家有关强制性规定的检验检测规程或者方法的；（四）未按照标准等规定传输、保存原始数据和报告的。"第14条第2款规定："检验检测机构出具的检验检测报告存在下列情形之一的，属于虚假检验检测报告：（一）未经检验检测的；（二）伪造、变造原始数据、记录，或者未按照标准等规定采用原始数据、记录的；（三）减少、遗漏或者变更标准等规定的应当检验检测的项目，或者改变关键检验检测条件的；（四）调换检验检测样品或者改变其原有状态进行检验检测的；（五）伪造检验检测机构公章或者检验检测专用章，或者伪造授权签字人签名或者签发时间的。"

（二）技术服务机构出具的年度排放报告或者技术审核意见存在弄虚作假行为

本条例第 13 条第 2 款规定，接受委托编制年度排放报告、对年度排放报告进行技术审核的技术服务机构，应当按照国家有关规定，具备相应的设施设备、技术能力和技术人员，建立业务质量管理制度，独立、客观、公正开展相关业务，对其出具的年度排放报告和技术审核意见承担相应责任，不得篡改、伪造数据资料，不得使用虚假的数据资料或者实施其他弄虚作假行为。有关技术服务机构违反上述规定，在编制年度排放报告或者出具技术审核意见时，存在弄虚作假行为的，应当依照本条规定处罚。具体包括以下行为：一是出具的年度排放报告或者技术审核意见存在重大缺陷或者遗漏；二是在年度排放报告编制或者对年度排放报告进行技术审核过程中篡改、伪造数据资料，使用虚假的数据资料；三是在年度排放报告编制或者对年度排放报告进行技术审核过程中实施其他弄虚作假行为。认定上述违法行为，主要依据国务院生态环境主管部门发布的相关规范性文件或者技术规范，比如 2022 年生态环境部办公厅印发的《企业温室气体排放核查技术指南　发电设施》等。

二、法律责任

（一）关于检验检测机构的法律责任

1. 责令改正，没收违法所得

《中华人民共和国行政处罚法》第28条规定，行政机关实施行政处罚时，应当责令当事人改正或者限期改正违法行为。当事人有违法所得，除依法应当退赔的外，应当予以没收。本条规定的法律责任，与《中华人民共和国行政处罚法》的规定保持了衔接。技术服务机构实施本条规定的违法行为的，首先应当责令改正，即责令该技术服务机构改正上述违法行为，同时没收违法所得。违法所得的计算方式，依照《中华人民共和国行政处罚法》第28条"违法所得是指实施违法行为所取得的款项"的规定执行。责令改正不属于行政处罚，没收违法所得属于《中华人民共和国行政处罚法》规定的行政处罚种类。

2. 罚款

本条第1款规定的罚款，分两种情况：第一种情况是有违法所得，且违法所得在2万元以上的，应当在没收违法所得的同时，处违法所得5倍以上10倍以下的罚款；第二种情况是没有违法所得，或者违法所得不足2万元的，应当在没收违法所得的同时，处2万元以上10万元以下的罚款。第一种情况是倍数式的罚款，第二种情况是固定数额幅度的罚款。

3. 取消检验检测资质

本条第1款规定，对情节严重的违法行为，由负责资质认定的部门取消其检验检测资质。取消检验检测资质是较为严厉的行政处罚，只有在情节严重的情况下适用。依照 2023 年国务院办公厅发布的《关于公布〈法律、行政法规、国务院决定设定的行政许可事项清单（2023 年版）〉的通知》（国办发〔2023〕5 号），检验检测机构资质认定属于市场监督管理部门的行政许可事项，取消检验检测机构资质，属于行政处罚中的资格罚。

（二）关于接受委托编制年度排放报告、对年度排放报告进行技术审核的技术服务机构的法律责任

1. 责令改正，没收违法所得

即责令上述技术服务机构改正其违法行为，并依照《中华人民共和国行政处罚法》第 28 条的规定没收违法所得。

2. 罚款

本条第 2 款规定的罚款，分两种情况：第一种情况是有违法所得，且违法所得在 20 万元以上的，应当在没收违法所得的同时，处违法所得 5 倍以上 10 倍以下的罚款；第二种情况是没有违法所得，或者违法所得不足 20 万元的，应当在没收违法所得的同时，处 20 万元以上 100 万元以下的罚款。第一种情况是倍数式的罚款，第二种情况是固定数额幅度的罚款。

3. 禁止从事年度排放报告编制和技术审核业务

本条第 2 款规定，上述技术服务机构弄虚作假，情节严重的，禁止其从事年度排放报告编制和技术审核业务。这属于《中华人民共和国行政处罚法》规定的"限制从业"的范畴。限制从业是较为严厉的行政处罚，只有在情节严重的情况下适用。2023 年生态环境部发布的《生态环境行政处罚办法》进一步明确，"禁止从业"属于生态环境行政处罚的种类。据此，生态环境主管部门作出禁止

技术服务机构从事年度排放报告编制和技术审核业务的决定的，应当遵守《中华人民共和国行政处罚法》和《生态环境行政处罚办法》的有关规定。

（三）双罚制

对上述三类技术服务机构的违法行为，本条第3款规定还规定了"双罚制"，即在对技术服务机构实施罚款的同时，对其直接负责的主管人员和其他直接责任人员，也要处2万元以上20万元以下的罚款，同时5年内禁止从业，即禁止从事温室气体排放相关检验检测、年度排放报告编制和技术审核业务；情节严重的，终身禁止从事前述业务。需要注意的有以下两点：一是对技术服务机构直接负责的主管人员和其他直接责任人员实施的罚款，并不区分上述不同的情况。换言之，无论是按照倍数式的罚款，还是按照固定数额幅度的罚款进行处罚，都应当同时对其直接负责的主管人员和其他直接责任人员处以罚款和禁止从业；二是对技术服务机构直接负责的主管人员和其他直接责任人员实施的罚款和禁止从业，应当同时实施，不存在选择适用的情况。

三、实施主体

本条规定的法律责任，由两类主体分别实施：

一是生态环境主管部门。

二是负责资质认定的市场监督管理部门。涉及取消检验检测资质的，由负责资质认定的市场监督管理部门实施。

> **第二十四条** 重点排放单位未按照规定清缴其碳排放配额的,由生态环境主管部门责令改正,处未清缴的碳排放配额清缴时限前1个月市场交易平均成交价格5倍以上10倍以下的罚款;拒不改正的,按照未清缴的碳排放配额等量核减其下一年度碳排放配额,可以责令停产整治。

【释义】 本条是关于重点排放单位未按照规定清缴其碳排放配额的法律责任的规定。

一、违法行为

本条规定的法律责任,违法主体为重点排放单位,违法行为为未按规定清缴碳排放配额。

本条例第14条第1款规定,重点排放单位应当根据省级人民政府生态环境主管部门对年度排放报告的核查结果,按照国务院生态环境主管部门规定的时限,足额清缴其碳排放配额。

重点排放单位的应清缴配额由省级人民政府生态环境主管部门确定。各省级人民政府生态环境主管部门完成碳排放核查工作后,在核查结果的基础上,计算本行政区域内纳入配额管理的重点排放单位年度应发放配额和应清缴配额,并确认实发配额。重点排放单位应当按照应清缴配额足额进行清缴。

清缴时限由国务院生态环境主管部门规定。例如,国务院生态环境主管部门分别于2021年、2023年发布《关于做好全国碳排放权交易市场第一个履约周期碳排放配额清缴工作的通知》(环办气候函〔2021〕492号)和《关于做好2021、2022年度全国碳排放权交易配额分配相关工作的通知》（国环规气候〔2023〕1号），规定了2019年、2020年的清缴履约时限为2021年12月31日，2021年、2022年的清缴履约时限为2023年12月31日。重点排放单位超过期限，仍未足额清缴碳排放配额的，即构成本条规定的违法行为。

二、法律责任

（一）责令改正，罚款

责令改正不属于行政处罚，本条根据《中华人民共和国行政处罚法》关于行政机关实施行政处罚时，应当责令当事人改正或者限期改正违法行为的要求，在设定罚款的同时，规定了责令改正。

本条规定的罚款额度直接与未清缴的碳排放配额和配额市场价格挂钩。将应清缴配额量减去已清缴配额，得到差额，即为未清缴的碳排放配额。根据全国碳排放权交易机构发布的碳市场行情和成交信息，将清缴时限前1个月成交额除以成交量，得出平均成交价格。将未清缴的碳排放配额与平均成交价格相乘，得出本条规定罚款额度的计算基础，将其分别乘以5和10，得到罚款额度的最低额和最高额。根据违法情形的严重程度，在最低额和最高额的区间内确定具体罚款数额。

（二）核减碳排放配额，责令停产整治

重点排放单位在被责令改正后，仍不履行清缴义务的，对其欠缴的碳排放配额，在下一年度发放配额时等量予以核减。对重点排放单位而言，发放的排放配额一旦减少，在其实际排放量不变的情况下，就意味着该单位需要在碳排放权交易市场上购买更多的排放配额用于清缴，对惩戒其违法行为，督促其合法履行义务，具有重要意义。

责令停产整治是生态环境领域较为常见的行政处罚种类，《中华人民共和国水污染防治法》《中华人民共和国固体废物污染环境防治法》等的法律责任中均有责令停产整治的规定。国务院生态环境主管部门2023年发布的部门规章《生态环境行政处罚办法》（生态环境部令第30号）第8条明确将责令停产整治列为生态环境行政处罚的种类之一。对重点排放单位在被责令改正后，仍不履行清缴义务的，生态环境主管部门可以责令其停产整治。

三、实施主体

对本条规定的违法行为的法律责任，由生态环境主管部门实施。

第二十五条 操纵全国碳排放权交易市场的，由国务院生态环境主管部门责令改正，没收违法所得，并处违法所得1倍以上10倍以下的罚款；没有违法所得或者违法所得不足50万元的，处50万元以上500万元以下的罚款。单位因前述违法行为受到处罚的，对其直接负责的主管人员和其他直接责任人员给予警告，并处10万元以上100万元以下的罚款。

扰乱全国碳排放权交易市场秩序的，由国务院生态环境主管部门责令改正，没收违法所得，并处违法所得1倍以上10倍以下的罚款；没有违法所得或者违法所得不足10万元的，处10万元以上100万元以下的罚款。单位因前述违法行为受到处罚的，对其直接负责的主管人员和其他直接责任人员给予警告，并处5万元以上50万元以下的罚款。

【释义】 本条是关于操纵全国碳排放权交易市场和扰乱全国碳排放权交易市场秩序的法律责任的规定。

一、违法行为

本条规定的法律责任，违法主体为不特定的主体，可以是任何单位或者个人，包括但不限于参与碳排放权交易的重点排放单位以及符合国家有关规定的其他主体、生态环境主管部门、其他负有监督管理职责的部门、全国碳排放权注册登记机构、全国碳排放权交易机构以及技术服务机构及工作人员。

违法行为包括操纵全国碳排放权交易市场和扰乱全国碳排放权交易市场秩序两类。二者都是通过欺诈、恶意串通、散布虚假信息等方式实施。操纵全国碳排放权交易市场行为，其后果可能包括扰乱全国碳排放权交易市场秩序，但是前者的主观恶意和危害程度，要明显大于后者。

(一) 操纵全国碳排放权交易市场

一般是指单独或者与他人合谋利用资金优势、持有交易产品数量优势、信息优势及其他手段，人为抬高、打压、固定市场行情或意图抬高、打压、固定市场行情，影响其他交易主体交易决策，为自身牟取利益或者转嫁风险的行为。此类行为与其他扰乱全国碳排放权交易市场秩序行为的区别，在于其通常带有获利或者转嫁风险的特定目的，且对市场的控制更强，直接对价格市场行情进行操控。

（二）扰乱全国碳排放权交易市场秩序

碳排放权交易价格由经济运行和行业发展总体状况和趋势决定。但是欺诈、恶意串通、散布虚假信息行为，扭曲交易市场正常的供求关系，破坏正常的市场价格形成机制，对交易市场秩序具有极大的破坏性。此类行为不以获利为必要条件，只要影响到了正常的交易秩序，即构成该违法行为。

二、法律责任

本条规定的法律责任为"双罚制"，既处罚单位，也同时处罚直接负责的主管人员和其他直接责任人员。

（一）责令改正，没收违法所得

依照《中华人民共和国行政处罚法》第 28 条的规定作出行政处罚的同时，责令改正违法行为。违法所得是指实施违法行为所取得的款项。违法所得的价款，除依法应当退赔的外，应当予以没收。

（二）警告

本条规定的警告，主要针对违法主体为单位的情形，对象为单位直接负责的主管人员和其他直接责任人员。直接负责的主管人员，是指在单位实施的违法行为中起决定、批准、授意、纵容、指挥等作用的人员，一般是单位的主管负责人，包括法定代表人。其他直接责任人员，是在单位犯罪中具体实施违法行为并起较大作用的人员，既可以是单位的经营管理人员，也可以是单位的职工，包括聘任、雇用的人员。

（三）罚款

本条规定的罚款，分为对单位和对人两类。其中，对单位的罚款又有两种情况：第一种情况是有违法所得，且违法所得在一定数额（第 1 款为 50 万元，第 2 款为 10 万元）以上的，应当在没收违法所得的同时，处违法所得 1 倍以上 10 倍以下的罚款；第二种情况是没有违法所得，或者违法所得不足一定数额的，应当在没收违法所得的同时，处固定数额幅度的罚款，第 1 款为 50 万—500 万元，第 2 款为 10 万—100 万元。对单位直接负责的主管人员和其他直接责任人员的罚款为固定数额幅度，第 1 款为 10 万—100 万元，第 2 款为 5 万—50 万元。

三、实施主体

本条规定的法律责任，由生态环境部实施，其他层级的生态环境主管部门或者其他部门，无权实施。

第二十六条 拒绝、阻碍生态环境主管部门或者其他负有监督管理职责的部门依法实施监督检查的，由生态环境主管部门或者其他负有监督管理职责的部门责令改正，处 2 万元以上 20 万元以下的罚款。

【释义】 本条是关于拒绝、阻碍监督检查行为的法律责任的规定。

一、违法行为

本条例第 17 条规定，生态环境主管部门和其他负有监督管理职责的部门，可以在各自职责范围内对重点排放单位等交易主体、技术服务机构进行现场检查。生态环境主管部门和其他负有监督管理职责的部门进行现场检查，可以采取查阅、复制相关资料，查询、检查相关信息系统等措施，并可以要求有关单位和个人就相关事项作出说明。被检查者应当如实反映情况、提供资料，不得拒绝、阻碍。进行现场检查，检查人员不得少于 2 人，并应当出示执法证件。检查人员对检查中知悉的国家秘密、商业秘密，依法负有保密义务。

本条未细化拒绝、阻碍监督检查的行为，根据本条例第 17 条，并参照《中华人民共和国大气污染防治法》《中华人民共和国水污染防治法》等由生态环境主管部门作为主要执法部门的法律，拒绝、阻碍监督检查的行为通常为：在接受监督检查时不如实反映状况、提供资料的；在接受监督检查时弄虚作假的；以拖延、围堵、滞留执法人员等方式拒绝、阻挠监督检查的；以拒绝进入现场等方式拒不接受监督检查的等。

二、违法主体

一是温室气体重点排放单位，以及符合国家有关规定的其他可以参与碳排放权交易的交易主体；二是技术服务机构，包括接受委托开展温室气体排放相关检验检测、编制年度排放报告、对年度排放报告进行技术审核的技术服务机构。

三、法律责任

（一）责令改正

责令改正不属于行政处罚，本条根据《中华人民共和国行政处罚法》关于行政机关实施行政处罚时，应当责令当事人改正或者限期改正违法行为的要求，在设定罚款的同时，规定了责令改正。

（二）罚款

本条规定处 2 万元以上 20 万元以下的罚款，参考了《中华人民共和国大气污染防治法》第 98 条有关"违反本法规定，以拒绝进入现场等方式拒不接受生态环境主管部门及其环境执法机构或者其他负有大气环境保护监督管理职责的部门的监督检查，或者在接受监督检查时弄虚作假的，由县级以上人民政府生态环境主管部门或者其他负有大气环境保护监督管理职责的部门责令改正，处二万元以上二十万元以下的罚款"的规定。

四、实施主体

实施主体主要是生态环境主管部门，还可能涉及其他对碳排放权交易及相关活动负有监督管理职责的部门，如本条例第 23 条涉及的负责资质认定的部门等。

这里需要说明的是，本条是对违法行为人拒绝、阻碍接受监督检查行为进行行政处罚的规定。如果违法行为人以暴力、威胁的方法阻挠生态环境主管部门或者其他负有监督管理职责的部门进行现场检查，构成犯罪，还应当承担相应的刑事责任。根据《中华人民共和国刑法》第 277 条的规定，以暴力、威胁方法阻碍国家机关工作人员依法执行职务的，构成妨碍公务罪。对犯该罪的，处3年以下有期徒刑、拘役、管制或者罚金。

> **第二十七条** 国务院生态环境主管部门会同国务院有关部门建立重点排放单位等交易主体、技术服务机构信用记录制度，将重点排放单位等交易主体、技术服务机构因违反本条例规定受到行政处罚等信息纳入国家有关信用信息系统，并依法向社会公布。

【释义】 本条是关于碳市场交易主体、技术服务机构的信用管理制度的规定。

一、保持对碳排放数据造假"零容忍"的高压态势

碳排放权交易是实现碳达峰、碳中和的重要政策工具，准确可靠的数据是碳排放权交易市场有效规范运行的生命线。2021年7月全国碳排放权交易市场正式上线交易以来，生态环境部坚持对碳排放数据造假"零容忍"，加强碳排放报告质量监督管理，先后组织2次碳市场排放报告质量监督帮扶，以问题线索为导向，指导企业规范排放核算报告行为，严厉打击弄虚作假行为；对查实数据造假的全国碳市场控排企业，生态环境部依法严肃处罚并核减其碳排放配额；关键是曝光了一批违法违规的第三方核查机构，比如篡改伪造检测报告并授意指导制作虚假煤样等弄虚作假问题、核查履职不到位及核查工作走过场问题、核查程序不合规及核查结论明显失实问题、涉嫌编造虚假检测报告问题等，并对存在上述问题的技术服务机构及有关企业进一步调查。这些行动取得较大社会反响，起到了极大的震慑作用。

二、发挥以信用为基础的新型监管机制效能

完善的社会信用体系是供需有效衔接的重要保障，是资源优化配置的坚实基础，是良好营商环境的重要组成部分，对促进国民经济循环高效畅通、构建新发展格局具有重要意义。

近年来，党中央、国务院发布了一系列重要文件，主要包括 2022 年印发的《中共中央 国务院关于加快建设全国统一大市场的意见》和中共中央办公厅、国务院办公厅印发的《关于推进社会信用体系建设高质量发展促进形成新发展格局的意见》，2016 年印发的《国务院关于建立完善守信联合激励和失信联合惩戒制度 加快推进社会诚信建设的指导意见》，2019 年印发的《国务院办公厅关于加快推进社会信用体系建设 构建以信用为基础的新型监管机制的指导意见》，2020 年印发的《国务院办公厅关于进一步完善失信约束制度 构建诚信建设长效机制的指导意见》，对推进社会信用体系建设高质量发展，促进形成新发展格局做出了顶层设计和统筹安排。比如 2022 年中共中央办公厅、国务院办公厅印发的《关于推进社会信用体系建设高质量发展促进形成新发展格局的意见》中明确规定："完善生态环保信用制度。全面实施环保、水土保持等领域信用评价，强化信用评价结果共享运用……聚焦实现碳达峰碳中和要求，完善全国碳排放权交易市场制度体系，加强登记、交易、结算、核查等环节信用监管。发挥政府监管和行业自律作用，建立健全对排放单位弄虚作假、中介机构出具虚假报告等违法违规行为的有效管理和约束机制。"

三、逐步完善生态环境领域信用监管机制

近年来,生态环境领域立法不断完善以信用为基础的新型监管机制。一是 2014 年修订的《中华人民共和国环境保护法》明确规定对环境违法行为记入社会诚信档案,该法第 54 条第 3 款规定:"县级以上地方人民政府环境保护主管部门和其他负有环境保护监督管理职责的部门,应当将企业事业单位和其他生产经营者的环境违法信息记入社会诚信档案,及时向社会公布违法者名单。"二是 2018 年修正的《中华人民共和国环境影响评价法》明确规定对环境影响评价第三方中介机构实施信用管理,该法第 20 条第 3 款规定:"负责审批建设项目环境影响报告书、环境影响报告表的生态环境主管部门应当将编制单位、编制主持人和主要编制人员的相关违法信息记入社会诚信档案,并纳入全国信用信息共享平台和国家企业信用信息公示系统向社会公布。"三是 2021 年制定的《排污许可管理条例》规定对排污许可第三方中介机构实施信用管理并明确了失信惩戒措施,该条例第 42 条规定:"违反本条例规定,接受审批部门委托的排污许可技术机构弄虚作假的,由审批部门解除委托关系,将相关信息记入其信用记录,在全国排污许可证管理信息平台上公布,同时纳入国家有关信用信息系统向社会公布;情节严重的,禁止从事排污许可技术服务。"

四、信用管理的主体和对象

信用管理的主体是国务院生态环境主管部门和国务院有关

部门。

信用管理的对象是重点排放单位等交易主体、技术服务机构。一是交易主体。本条例规定全国碳排放权交易的主体包括温室气体重点排放单位以及符合国家有关规定的其他主体。目前全国碳排放权交易市场的交易主体为重点排放单位。在市场平稳健康运行和有效防范风险的基础上，全国碳排放权交易市场将逐步引入更多主体参与交易。二是技术服务机构。本条例规定的技术服务机构有三类，包括接受委托从事温室气体排放相关检验检测的机构、接受重点排放单位委托编制温室气体年度排放报告的机构以及接受省级人民政府生态环境部门委托对年度排放报告进行技术审核的机构。

五、主要措施

一是要加强信息共享和部门联动。生态环境部门和市场监管部门依据本条例、《检验检测机构监督管理办法》以及相关地方性法规或者地方政府规章，对重点排放单位以及提供检验检测、排放报告编制等服务的相关技术单位和相关人员给予警告、罚款、责令停产整治、没收违法所得、取消检验检测资质、禁止从业等行政处罚；同时，通过信息共享和部门联动，由市场监管部门和发展改革部门将相关行政处罚信息纳入国家企业信用信息公示系统和全国社会信用信息共享服务平台中，向社会公开，以激励守信，惩戒失信，以信用风险为导向优化配置监管资源。

二是生态环境主管部门将逐步完善碳排放权交易信用监管制度。按照本条例规定，碳排放权交易信用管理目前仍以纳入处罚信息为主。按照国务院相关文件，碳排放权交易信用管理领域应覆盖登记、交易、结算、核查等环节。围绕提高数据真实、完整、准确性这一目标,本条例细化规定了重点排放单位数据质量控制和信息公开义务,从遵守技术规程和技术规范、建立业务质量管理制度、提高设备配置和人员水平、禁止混合从业等方面加强了对技术服务机构的管理。下一步,生态环境部将按照本条例规定,加强登记、交易、结算、核查、清缴等环节监督管理,逐步建立、完善碳排放权交易信用管理制度。

> **第二十八条** 违反本条例规定,给他人造成损害的,依法承担民事责任;构成违反治安管理行为的,依法给予治安管理处罚;构成犯罪的,依法追究刑事责任。

【释义】 本条是关于违反本条例规定给予治安管理处罚与承担民事责任、刑事责任的规定。

法律责任分为民事责任、行政责任、刑事责任三类。对违反本条例规定的行为,除了要承担本条例规定的法律责任外,还可能涉及违反《中华人民共和国民法典》《中华人民共和国治安管理处罚法》《中华人民共和国刑法》,并应承担相应的法律责任。按照我国的立法惯例和立法技术规范,有多个条文涉及民事责任、治安管理处罚、刑事责任的,可以在法律责任部分统一作出衔接性规定。

一、关于民事责任

违反本条例规定的行为,给他人造成损害的,应当依法承担民事责任。如本条例第 14 条第 2 款规定,重点排放单位可以通过全国碳排放权交易市场购买或者出售碳排放配额，其购买的碳排放配额可以用于清缴。第 15 条第 1 款规定，碳排放权交易可以采取协议转让、单向竞价或者符合国家有关规定的其他现货交易方式。即通过协议转让排放配额过程中，因不履行合同义务或者履行合同义务不符合约定，造成损害的，依据《中华人民共和国民法典》相关规定追究民事责任。例如，《中华人民共和国民法典》第 577 条、第 578 条规定，当事人一方不履行合同义务或者履行合同义务不符合约定的，应当承担继续履行、采取补救措施或者赔偿损失等违约责任。当事人一方明确表示或者以自己的行为表明不履行合同义务的，对方可以在履行期限届满前请求其承担违约责任。第 583 条规定，当事人一方不履行合同义务或者履行合同义务不符合约定的，在履行义务或者采取补救措施后，对方还有其他损失的，应当赔偿损失。

此外，《中华人民共和国民法典》第 187 条规定，民事主体因同一行为应当承担民事责任、行政责任和刑事责任的，承担行政责任或者刑事责任不影响承担民事责任；民事主体的财产不足以支付的，优先用于承担民事责任。

二、关于治安管理处罚

违反本条例规定的行为，一般由生态环境主管部门或者其他负有监督管理职责的部门实施处罚，但涉及违反治安管理的，由公安机关依据《中华人民共和国治安管理处罚法》实施处罚。

例如，《中华人民共和国治安管理处罚法》第 50 条规定，"有下列行为之一的，处警告或者二百元以下罚款；情节严重的，处五日以上十日以下拘留，可以并处五百元以下罚款：（一）拒不执行人民政府在紧急状态情况下依法发布的决定、命令的；（二）阻碍国家机关工作人员依法执行职务的；（三）阻碍执行紧急任务的消防车、救护车、工程抢险车、警车等车辆通行的；（四）强行冲闯公安机关设置的警戒带、警戒区的。阻碍人民警察依法执行职务的，从重处罚"。

如果重点排放单位等交易主体、技术服务机构组织拒绝、阻碍生态环境主管部门或者其他负有监督管理职责的部门依法实施的监督检查，依据本条例第 26 条的规定，由生态环境主管部门或者其他负有监督管理职责的部门责令改正，处 2 万元以上 20 万元以下的罚款。该行为还可能构成阻碍国家机关工作人员依法执行职务，由公安机关处警告或者 200 元以下罚款；情节严重的，处 5 日以上 10 日以下拘留，可以并处 500 元以下罚款。

三、关于刑事责任

违反本条例规定，构成犯罪的，应当追究其刑事责任的行为，除妨害公务罪、滥用职权罪、玩忽职守罪以外，涉及中介组织人员提供虚假证明文件罪、出具证明文件重大失实罪。下面主要就提供虚假证明文件罪进行说明。

《中华人民共和国刑法》第 229 条第 1 款规定，承担资产评估、验资、验证、会计、审计、法律服务等职责的中介组织的人员故意提供虚假证明文件，情节严重的，处 5 年以下有期徒刑或者拘役，并处罚金。

最高人民法院和最高人民检察院 2023 年 8 月 8 日发布的《关于

办理环境污染刑事案件适用法律若干问题的解释》（法释〔2023〕7号）第 10 条第 1 款规定："承担环境影响评价、环境监测、温室气体排放检验检测、排放报告编制或者核查等职责的中介组织的人员故意提供虚假证明文件，具有下列情形之一的，应当认定为刑法第二百二十九条第一款规定的'情节严重'：（一）违法所得三十万元以上的；（二）二年内曾因提供虚假证明文件受过二次以上行政处罚，又提供虚假证明文件的；（三）其他情节严重的情形。"

同时，根据该条第 3 款的规定，实施第 1 款规定的行为，同时索取他人财物或者非法收受他人财物构成犯罪的，依照处罚较重的规定定罪处罚。

由于《关于办理环境污染刑事案件适用法律若干问题的解释》在本条例出台之前发布，关于技术服务机构的表述与本条例不完全相同，其中"承担温室气体核查职责的中介组织"就是指本条例中的"对年度排放报告进行技术审核的技术服务机构"。

承担温室气体排放检验检测、排放报告编制或者核查等职责的技术服务机构，提供虚假证明文件，情节严重的，构成提供虚假证明文件罪。

此外，根据《中华人民共和国刑法》第 231 条，单位犯提供虚假证明文件罪、出具证明文件重大失实罪的，对单位判处罚金，并对其直接负责的主管人员和其他直接责任人员进行处罚。

第二十九条 对本条例施行前建立的地方碳排放权交易市场，应当参照本条例的规定健全完善有关管理制度，加强监督管理。

> 本条例施行后，不再新建地方碳排放权交易市场，重点排放单位不再参与相同温室气体种类和相同行业的地方碳排放权交易市场的碳排放权交易。

【释义】 本条是关于已建地方碳排放权交易市场管理和不允许新建地方碳排放权交易市场的规定。

一、已建地方碳排放权交易市场的管理

根据党中央、国务院关于应对气候变化工作的总体部署，为推动运用市场机制以较低成本实现我国控制温室气体排放行动目标，加快经济发展方式转变和产业结构升级，2011年10月，国家发展改革委（原国家应对气候变化主管部门）印发《国家发展改革委办公厅关于开展碳排放权交易试点工作的通知》（发改办气候〔2011〕2601号），在北京、天津、上海、重庆、广东、湖北、深圳等7省市启动碳排放权交易市场试点工作。2013年6月至2014年6月，上述试点碳排放权交易市场陆续启动交易。截至2023年底，7个试点碳排放权交易市场已覆盖了电力、热力、钢铁、水泥、石化等20余个行业的近3000家控排单位。试点碳排放权交易市场的有效建设运行，促进了试点省市企业温室气体减排，也为全国碳市场建设摸索了制度，锻炼了人才，积累了经验，奠定了基础。此外，福建省结合《国家生态文明试验区（福建）实施方案》的落实，也建立了地方碳排放权交易市场。

本条第1款规定，本条例施行前建立的地方碳排放权交易市场，应当参照本条例的规定健全完善有关管理制度，加强监督管

理。据此,下一步,生态环境部将对上述地方碳排放权交易市场加强监督管理,结合全国碳排放权交易市场建设和发展需要,一方面,要及时掌握地方碳排放权交易市场的建设运行进展,结合全国碳排放权交易市场扩大行业覆盖范围等工作的推进,指导地方碳排放权交易市场逐步过渡到全国碳排放权交易市场;另一方面,要进一步总结地方碳排放权交易市场的经验做法和成效,梳理存在的问题,将有益经验吸纳到全国碳排放权交易市场建设中。

二、不允许新建地方碳排放权交易市场

本条第 2 款规定,本条例施行后,不再新建地方碳排放权交易市场,重点排放单位不再参与相同温室气体种类和相同行业的地方碳排放权交易市场的碳排放权交易。

本条例在征求意见过程中,有意见提出,建议允许有条件的地方新建碳市场,以形成对全国碳市场的有益补充。经会同有关方面反复研究,未采纳该意见。主要考虑有:一是市场空间有限。全国碳市场覆盖范围将会逐步扩大到钢铁、石化、化工、有色、建材等重点排放行业,届时二氧化碳排放量占比将超过全国二氧化碳排放量的 75%,新建地方试点碳市场的空间将非常有限。二是成本效益不匹配。碳市场建设需要相当的成本,允许新建地方碳市场会带来重复建设的问题,无法达到以尽可能低的成本实现控制温室气体排放的政策目标。三是可能导致市场乱象。在党中央明确提出碳达峰和碳中和目标的大背景下,如允许新建地方碳市场,容易引发遍地开花的乱象,不利于维护全国碳市场的统一性。

《中共中央 国务院关于加快建设全国统一大市场的意见》明

确，"加快建立全国统一的市场制度规则，打破地方保护和市场分割，打通制约经济循环的关键堵点，促进商品要素资源在更大范围内畅通流动，加快建设高效规范、公平竞争、充分开放的全国统一大市场"。本条例实施后不再新建地方碳排放权交易市场，也是落实该意见的要求，推动全国统一的碳排放权交易市场建设和发展的需要。因此，自2024年5月1日本条例实施起，各地方将不再新建地方碳排放权交易市场。

本条例施行后被纳入全国碳排放权交易市场的重点排放单位不再参与相同温室气体种类和相同行业的地方碳排放权交易市场的碳排放权交易，主要是为了避免全国碳排放权交易市场和地方碳排放权交易市场对于温室气体种类和行业温室气体排放的重复管控，厘清市场边界。例如，本条例施行后，如果全国碳排放权交易市场在发电行业的基础上，新纳入水泥行业的二氧化碳排放，那么，已纳入地方碳排放权交易市场同时又符合全国碳排放权交易市场重点排放单位条件的水泥行业企业的二氧化碳排放，将被纳入全国碳排放权交易市场管控，不再参与地方碳排放权交易市场的碳排放权交易。地方碳排放权交易市场多数仅纳入二氧化碳排放，重庆试点碳排放权交易市场纳入了多种温室气体。全国碳排放权交易市场未来如增加甲烷、氧化亚氮等温室气体管控，则参与地方碳排放权交易市场的控排企业中涉及的相关温室气体排放，将被纳入全国碳排放权交易市场管控，不再参与地方碳排放权交易市场。

第三十条　本条例下列用语的含义：

（一）温室气体，是指大气中吸收和重新放出红外辐射的自然和人为的气态成分，包括二氧化碳、甲烷、氧化亚氮、氢氟碳化物、全氟化碳、六氟化硫和三氟化氮。

（二）碳排放配额，是指分配给重点排放单位规定时期内的二氧化碳等温室气体的排放额度。1个单位碳排放配额相当于向大气排放1吨的二氧化碳当量。

（三）清缴，是指重点排放单位在规定的时限内，向生态环境主管部门缴纳等同于其经核查确认的上一年度温室气体实际排放量的碳排放配额的行为。

【释义】 本条是关于温室气体、碳排放配额、清缴等用语含义的规定。

一、温室气体

根据《联合国气候变化框架公约》的规定，温室气体被定义为："大气中那些吸收和重新放出红外辐射的自然的和人为的气态成分。"《京都议定书》规定了需要控制的温室气体包括二氧化碳（CO_2）、甲烷（CH_4）、氧化亚氮（N_2O）、氢氟碳化物（HFCs）、全氟化碳（PFCs）和六氟化硫（SF_6）。《〈京都议定书〉多哈修正案》将三氟化氮（NF_3）纳入管控范围，使受管控的温室气体达到7种。

为全面有效落实《联合国气候变化框架公约》及其相关决议的要求，2023年12月，中国正式向《联合国气候变化框架公约》秘书处提交《中华人民共和国气候变化第四次国家信息通报》和《中华人民共和国气候变化第三次两年更新报告》。根据该第三次两年更新报告，2018年中国温室气体排放总量［包括土地利用、土地利用变化和林业（LULUCF）］约为117.79亿吨二氧化碳当量，其中二氧化碳、甲烷、氧化亚氮、氢氟碳化物、全氟化碳和六氟化硫所占比重分别为81.1%、11.4%、5.0%、1.6%、0.2%和0.6%。

本条例对温室气体的定义，与《联合国气候变化框架公约》及《京都议定书》保持一致，明确了全国碳排放权交易市场可能涉及的温室气体种类。未来根据全国碳排放权交易市场建设和发展需要，将逐渐纳入各类温室气体。

二、碳排放配额

碳排放权交易市场是强制性配额交易市场，配额是交易的具体标的物。本条例规定，碳排放配额是指分配给重点排放单位规定时期内的二氧化碳等温室气体的排放额度。这些排放额度代表了重点排放单位被允许向大气中排放的温室气体量，1个单位碳排放配额，相当于向大气排放1吨的二氧化碳当量。国务院生态环境主管部门会同有关部门制定年度碳排放配额总量和分配方案。省级人民政府生态环境主管部门负责在本行政区域内组织开展碳排放配额分配，并进行监督管理。全国碳排放权注册登记机构根据年度碳排放配额总量和分配方案以及省级人民政府生态环境主管部门确定的配额分配结果，为重点排放单位办理初始分配登记。

配额分配主要有免费和有偿两种方式。免费配额的确定方式主要有基准线法和历史排放法等。基准线法是按行业基准排放强度核定碳排放配额，历史排放法则是按照重点排放单位的历史排放水平核定碳排放配额。目前，我国主要以免费分配为主，未来全国碳排放权交易市场将根据国家有关要求逐步推行免费和有偿相结合的分配方式。

三、清缴

碳排放权交易制度主要包括配额的总量设定、分配、交易、清缴等制度，其中，配额清缴是碳排放权交易市场中确保减排成效的重要环节。国务院生态环境主管部门通过工作通知等方式，对应清缴配额量的确定方式、核证自愿减排量抵销配额清缴相关规则、配额清缴时限、具体清缴程序等事项进行安排。省级人民政府生态环境主管部门负责在本行政区域内组织开展碳排放配额的清缴及相关监督管理工作。重点排放单位在国务院生态环境主管部门规定的时限内，向分配配额的省级人民政府生态环境主管部门清缴等同于其经核查确认的上一年度温室气体实际排放量的碳排放配额。全国碳排放权注册登记机构根据经省级人民政府生态环境主管部门确认的碳排放配额清缴结果办理清缴登记。

第三十一条　重点排放单位消费非化石能源电力的，按照国家有关规定对其碳排放配额和温室气体排放量予以相应调整。

【释义】　本条是关于对重点排放单位消费非化石能源电力进行配额和排放量调整的规定。

重点排放单位消费的非化石能源电力，包括风电、水电、太阳能发电和生物质发电等。消费非化石能源电力不产生温室气体排放，同时有助于推动能源消费结构低碳化，有利于实现碳达峰碳中和目标。

本条例中对重点排放单位消耗非化石能源电力进行碳排放配额和温室气体排放量的调整措施未作具体规定。国务院生态环境主管部门后续将根据国家有关规定制定相应的核算方法和配额分配方案，对其碳排放配额和温室气体排放量进行调整。

对于重点排放单位消费符合条件的非化石能源电力，国务院生态环境主管部门制定的核算方法和配额分配方案中将体现一定的激励导向。

第三十二条 国务院生态环境主管部门会同国务院民用航空等主管部门可以依照本条例规定的原则，根据实际需要，结合民用航空等行业温室气体排放控制的特点，对民用航空等行业的重点排放单位名录制定、碳排放配额发放与清缴、温室气体排放数据统计核算和年度排放报告报送与核查等制定具体管理办法。

【释义】 本条是关于国务院生态环境主管部门等有关部门可以对民用航空等行业制定具体管理办法的规定。

民用航空业是全国碳排放权交易市场已开展碳排放核算报告和核查的八大重点排放行业之一。利用市场机制管控其温室气体排放，是优化民航业减排资源配置、提升绿色发展水平的重要举措，有助于促进我国"双碳"目标稳步实现、促进该行业高质量发展。我国高度重视民用航空领域绿色发展，制定出台了多项政策规划，有序推进民航业碳减排市场机制建设。

2021年12月,民航局、国家发展改革委、交通运输部印发的《"十四五"民用航空发展规划》提出,推动建立符合国情和行业发展阶段的航空碳减排市场机制,积极参与全国碳市场建设,完善民航参与碳市场相关政策标准。2021年12月,民航局印发的《"十四五"民航绿色发展专项规划》提出,统筹国内、国际碳市场建设,综合考虑国家中长期低碳发展目标和民航高质量发展要求,有序推动民航基于市场减排机制建设。《关于做好2023—2025年部分重点行业企业温室气体排放报告与核查工作的通知》(环办气候函〔2023〕332号),也明确了民航业重点排放单位温室气体排放报告与核查相关工作要求以及配套保障措施,规范其温室气体排放数据管理,夯实其纳入全国碳排放权交易市场的排放数据基础。

加强民航业碳排放权交易管理是保障全国碳排放权交易市场公平性和约束力的必然要求,也是提升民航业适应国际碳市场竞争形势的客观选择。一是民航业减排呈现出明显的行业特征。相较全国碳排放权交易市场其余重点排放行业,其在行业管理、运营模式、技术装备、减排潜力等方面存在一定差异,这要求生态环境部在研究制定民航业碳排放权交易政策标准过程中,与民航局等部门加强协调,保障有关政策文件与民航业碳排放实际相符。二是民航业与其他重点排放行业碳排放权交易管理要求需统筹考虑。在兼顾民航业行业特征的同时,民航业也将遵循与其他重点排放行业相一致的基本管理流程和基本要求。三是统筹国内行动和国际应对的重要性不断增强。当前国际民用航空组织(ICAO)建立的国际航空碳抵销和减排机制(CORSIA)以及有关区域或者国家制定的航空碳减排市场机制，为统筹推进民航业减排和有效参与全球民航治理带来新的压力与挑战，这也使民航业碳排放权交易工作既要服务和支撑国内绿色转型目标与部署，也需积极借鉴和有效应对国际民航领域碳减排市场机制的要求和规则。

为此，生态环境部将会同民航局等部门依据本条例原则和我国民航业发展实际和行业特点，深入开展调查研究，建立健全相关制度体系，围绕重点排放单位名录制定、碳排放配额发放与清缴等全国碳排放权交易市场管理所涉关键环节制定管理制度，明确民航业纳入全国碳排放权交易市场的实施路径、技术标准等，高质量建设和实施民用航空碳排放权交易机制。一是依据本条例修订完善《碳排放权交易管理办法（试行）》（生态环境部令第19号）及其他配套制度，在此基础上明确相应的准入范围，筛选出民航业重点排放单位并制定名录。二是可结合市场供需、民航业减排成本、行业间配额分配公平性、国际碳减排市场机制应对等因素，制定民航业碳排放配额分配方案，明确相应的配额分配方法并据此向民航业重点排放单位发放配额。三是结合全国碳排放权交易市场各履约期工作部署，规定包括民航企业在内的重点排放单位完成配额清缴的工作要求。四是考虑到强化民航业碳排放数据质量管理需要，完善并发布民用航空企业温室气体核算方法与报告指南等技术文件，督促民航业重点排放单位履行温室气体排放报告责任。

第三十三条　本条例自 2024 年 5 月 1 日起施行。

【释义】　本条是关于施行时间的规定。

一、施行时间

根据《行政法规制定程序条例》第 27 条第 2 款规定："签署公布行政法规的国务院令载明该行政法规的施行日期。"任何形式的法律法规需要经过公布才能发生法律效力。

《行政法规制定程序条例》第 29 条规定："行政法规应当自公布之日起 30 日后施行；但是，涉及国家安全、外汇汇率、货币政策的确定以及公布后不立即施行将有碍行政法规施行的，可以自公布之日起施行。"由此，行政法规的生效时间分为两种情形：一是在条文中直接规定具体生效时间，如本条例规定"自 2024 年 5 月 1 日起施行"，1 月 25 日李强总理签署了第 775 号国务院令公布本条例，从公布到开始施行，中间留有一段时间，以便有关方面做好实施的准备工作。二是直接明确规定自公布之日起施行。比如《安全生产许可证条例》规定"本条例自公布之日起施行"，即自国务院总理签署公布之日起开始施行。

二、溯及力

法律的溯及力，即法的溯及既往的效力，是指新法对其生效前的行为和事件是否适用的问题。《中华人民共和国立法法》第 104 条规定，法律、行政法规、地方性法规、自治条例和单行条例、规章不溯及既往，但为了更好地保护公民、法人和其他组织的权利和利益而作的特别规定除外。例如，《中华人民共和国刑法》对此专门规定："中华人民共和国成立以后本法施行以前的行为，如果当时的法律不认为是犯罪的，适用当时的法律；如果当时的法律认为是犯罪的,依照本法总则第四章第八节的规定应当追诉的,按照当时的法律追究刑事责任,但是如果本法不认为是犯罪或者处刑较轻的,适用本法。"这就是溯及既往的特别规定。

本条例没有对溯及力问题作特别规定,因此,采用不溯及既往的原则。

第二部分 附 录

司法部、生态环境部负责人
就《碳排放权交易管理暂行条例》答记者问

2024年1月25日，国务院总理李强签署第775号国务院令，公布《碳排放权交易管理暂行条例》（以下简称《条例》），自2024年5月1日起施行。日前，司法部、生态环境部负责人就《条例》的有关问题回答了记者提问。

问：请简要介绍一下《条例》的出台背景。

答： 碳排放权交易是通过市场机制控制和减少二氧化碳等温室气体排放、助力积极稳妥推进碳达峰碳中和的重要政策工具。近年来，我国碳排放权交易市场建设稳步推进。2011年10月在北京、天津、上海、重庆、广东、湖北、深圳等地启动地方碳排放权交易市场试点工作，2017年12月启动全国碳排放权交易市场建设，2021年7月全国碳排放权交易市场正式上线交易。上线交易以来，全国碳排放权交易市场运行整体平稳，年均覆盖二氧化碳排放量约51亿吨，占全国总排放量的比例超过40%。截至2023年底，全国碳排放权交易市场共纳入2257家发电企业，累计成交量约4.4亿吨，成交额约249亿元，碳排放权交易的政策效应初步显现。与此同时，全国碳排放权交易市场制度建设方面的短板日益明显。此前我国还没有关于碳排放权交易管理的法律、行政法规，全国碳排放权交易市场运行管理依据国务院有关部门的规章、文件执行，立法位阶较低，权威性不足，难以满足规范交易活动、保障数据质量、惩处违法行为等实际需要，急需制定专门行政法规，为全国碳排放权交易市场运行管理提供明确法律依据，保障和促进其健康发展。党的二十大报告明确提出健全碳排放权市场交易制度。制定《条例》是落实党的二十大精神的具体举措，也是我国碳排放权交易市场建设发展的客观需要。

问：这次制定《条例》的总体思路是什么？

答：《条例》制定坚持以习近平新时代中国特色社会主义思想为指导，深入贯彻落实习近平生态文明思想，在总体思路上主要把握了以下几点：一是总结实践经验，坚持全流程管理，覆盖碳排放权交易各主要环节，避免制度空白和盲区。二是立足我国碳排放权交易总体属于新事物、仍在继续探索的实际情况，重在构建基本制度框架，保持相关制度设计必要弹性，为今后发展留有空间。三是坚持问题导向，针对碳排放数据造假突出问题，着力完善制度机制，有效防范惩治，保障碳排放权交易政策功能发挥。

问：《条例》对碳排放权交易确定了什么样的监管体制？

答：明确监督管理体制，是加强碳排放权交易管理的重要方面，也是制定《条例》的重要目的之一。《条例》明确，国务院生态环境主管部门负责碳排放权交易及相关活动的监督管理工作，其他有关部门按照职责分工负责碳排放权交易及相关活动的有关监督管理工作；地方人民政府生态环境主管部门负责本行政区域内碳排放权交易及相关活动的监督管理工作，其他有关部门按照职责分工,负责本行政区域内碳排放权交易及相关活动的有关监督管理工作。为提升监管效能,《条例》还规定国务院生态环境主管部门建立全国碳排放权交易市场管理平台,加强对碳排放权交易及相关活动的全过程监管,并与有关部门实现信息共享。

问:《条例》从哪些方面构建碳排放权交易管理的基本制度框架?

答:《条例》从六个方面构建了碳排放权交易管理的基本制度框架:一是注册登记机构和交易机构的法律地位和职责。全国碳排放权注册登记机构负责碳排放权交易产品登记,提供交易结算等服务,全国碳排放权交易机构负责组织开展碳排放权集中统一交易。二是碳排放权交易覆盖范围以及交易产品、交易主体和交易方式。国务院生态环境主管部门会同有关部门研究提出碳排放权交易覆盖的温室气体种类(目前为二氧化碳)和行业范围,报国务院批准后实施;碳排放权交易产品包括碳排放配额和经批准的其他现货交易产品,交易主体包括重点排放单位和符合规定的其他主体,交易方式包括协议转让、单向竞价或者符合规定的其他方式。三是重点排放单位确定。国务院生态环境主管部门会同有关部门制定重点排放单位确定条件,省级政府生态环境主管部门会同有关部门据此制定年度重点排放单位名录。四是碳排放配额分配。国务院生态环境主管部门会同有关部门制定年度碳排放配额总量和分配方案,省级政府生态环境主管部门会同有关部门据此向重点排放单位发放配额。五是排放报告编制与核查。重点排放单位应当编制年度温室气体排放报告,省级政府生态环境主管部门对报告进行核查并确认实际排放量。六是碳排放配额清缴和市场交易。重点排放单位应当根据核查结果足额清缴其碳排放配额，并可通过全国碳排放权交易市场购买或者出售碳排放配额，所购碳排放配额可用于清缴。

问：针对碳排放数据造假行为，《条例》规定了哪些制度措施？

答： 排放数据真实是碳排放权交易正常进行和发挥政策功能的基本前提。在防范和惩处碳排放数据造假行为方面，《条例》主要从四个方面作了规定：一是强化重点排放单位主体责任。要求重点排放单位制定并严格执行排放数据质量控制方案，如实准确统计核算本单位温室气体排放量、编制年度排放报告并对报告的真实性、完整性、准确性负责，按规定向社会公开信息并保存原始记录和管理台账。二是加强对技术服务机构的管理。受委托开展温室气体排放相关检验检测的技术服务机构应当遵守国家有关技术规程和技术规范要求，对出具的检验检测报告承担相应责任，不得出具虚假报告；受委托编制年度排放报告、对年度排放报告进行技术审核的技术服务机构应当具备国家规定的设施设备、技术能力和技术人员，建立业务质量管理制度，独立、客观、公正开展相关业务，对出具的年度排放报告和技术审核意见承担相应责任，不得篡改、伪造数据资料，不得使用虚假的数据资料或者实施其他弄虚作假行为；技术服务机构在同一省、自治区、直辖市范围内不得同时从事年度排放报告编制和技术审核业务。三是强化监督检查。规定生态环境主管部门和其他负有监督管理职责的部门可以对重点排放单位、技术服务机构进行现场检查，明确现场检查可以采取的措施，并要求被检查者如实反映情况、提供资料，不得拒绝、阻碍。四是加大处罚力度。对在温室气体排放相关检验检测、年度排放报告编制和技术审核中弄虚作假的，规定了罚款、责令停产整治、取消相关资质、禁止从事相应业务等严格的处罚，并建立信用记录制度。

问：《条例》施行后，地方碳排放权交易市场怎么办？

答：《条例》适用于全国碳排放权交易市场的碳排放权交易及相关活动。对于地方碳排放权交易市场，《条例》从两个方面作了规定：一是《条例》施行前建立的地方碳排放权交易市场，应当参照《条例》的规定健全完善相关管理制度，加强监督管理。二是《条例》施行后，不再新建地方碳排放权交易市场，重点排放单位不再参与相同温室气体种类和相同行业的地方碳排放权交易市场的碳排放权交易。

问：为确保《条例》顺利实施，有关方面还将开展哪些工作？

答：确保《条例》顺利实施、落地落实，有很多工作要做。有关方面将着重开展三方面工作：一是持续抓好宣传贯彻。《条例》的专业性比较强，要采取多种方式对《条例》进行宣传，帮助有关部门工作人员、重点排放单位、有关技术服务机构等单位和个人更好地掌握《条例》内容、领会精神实质，做到知法守法。这是一项基础性工作。二是及时跟进配套制度。《条例》确立了碳排放权交易管理的基本制度框架，但要真正落地落实，离不开配套规章、办法、标准等更为具体、操作性更强的规定作支撑。要及时出台相关配套规定。三是完善监管基础设施。碳排放权交易管理专业性、技术性强，要有效实施监管，基础设施的支撑非常关键。其中全国碳排放权交易市场管理平台对于实施全过程、全方位动态监管，提升监管力度具有重要作用。《条例》对全国碳排放权交易市场管理平台建设作了明确规定，有关方面将以《条例》实施为契机，统筹整合各方面力量，加快管理平台建设，提升监管的信息化、智能化水平，形成监管合力。

碳排放权交易管理办法（试行）

(2020年12月31日生态环境部令第19号公布
自2021年2月1日起施行)

第一章 总 则

第一条 为落实党中央、国务院关于建设全国碳排放权交易市场的决策部署，在应对气候变化和促进绿色低碳发展中充分发挥市场机制作用，推动温室气体减排，规范全国碳排放权交易及相关活动，根据国家有关温室气体排放控制的要求，制定本办法。

第二条 本办法适用于全国碳排放权交易及相关活动，包括碳排放配额分配和清缴，碳排放权登记、交易、结算，温室气体排放报告与核查等活动，以及对前述活动的监督管理。

第三条 全国碳排放权交易及相关活动应当坚持市场导向、循序渐进、公平公开和诚实守信的原则。

第四条 生态环境部按照国家有关规定建设全国碳排放权交易市场。

全国碳排放权交易市场覆盖的温室气体种类和行业范围，由生态环境部拟订，按程序报批后实施，并向社会公开。

第五条 生态环境部按照国家有关规定，组织建立全国碳排放权注册登记机构和全国碳排放权交易机构，组织建设全国碳排放权注册登记系统和全国碳排放权交易系统。

全国碳排放权注册登记机构通过全国碳排放权注册登记系统，记录碳排放配额的持有、变更、清缴、注销等信息，并提供结算服务。全国碳排放权注册登记系统记录的信息是判断碳排放配额归属的最终依据。

全国碳排放权交易机构负责组织开展全国碳排放权集中统一交易。

全国碳排放权注册登记机构和全国碳排放权交易机构应当定期向生态环境部报告全国碳排放权登记、交易、结算等活动和机构运行有关情况，以及应当报告的其他重大事项，并保证全国碳排放权注册登记系统和全国碳排放权交易系统安全稳定可靠运行。

第六条 生态环境部负责制定全国碳排放权交易及相关活动的技术规范，加强对地方碳排放配额分配、温室气体排放报告与核查的监督管理，并会同国务院其他有关部门对全国碳排放权交易及相关活动进行监督管理和指导。

省级生态环境主管部门负责在本行政区域内组织开展碳排放配额分配和清缴、温室气体排放报告的核查等相关活动，并进行监督管理。

设区的市级生态环境主管部门负责配合省级生态环境主管部门落实相关具体工作，并根据本办法有关规定实施监督管理。

第七条 全国碳排放权注册登记机构和全国碳排放权交易机构及其工作人员，应当遵守全国碳排放权交易及相关活动的技术规范,并遵守国家其他有关主管部门关于交易监管的规定。

第二章 温室气体重点排放单位

第八条 温室气体排放单位符合下列条件的,应当列入温室气体重点排放单位(以下简称重点排放单位)名录:

(一)属于全国碳排放权交易市场覆盖行业;

(二)年度温室气体排放量达到2.6万吨二氧化碳当量。

第九条 省级生态环境主管部门应当按照生态环境部的有关规定,确定本行政区域重点排放单位名录,向生态环境部报告,并向社会公开。

第十条 重点排放单位应当控制温室气体排放,报告碳排放数据,清缴碳排放配额,公开交易及相关活动信息,并接受生态环境主管部门的监督管理。

第十一条 存在下列情形之一的,确定名录的省级生态环境主管部门应当将相关温室气体排放单位从重点排放单位名录中移出:

(一)连续二年温室气体排放未达到2.6万吨二氧化碳当量的;

(二)因停业、关闭或者其他原因不再从事生产经营活动,因而不再排放温室气体的。

第十二条 温室气体排放单位申请纳入重点排放单位名录的,确定名录的省级生态环境主管部门应当进行核实;经核实符合本办法第八条规定条件的,应当将其纳入重点排放单位名录。

第十三条 纳入全国碳排放权交易市场的重点排放单位,不再参与地方碳排放权交易试点市场。

第三章 分配与登记

第十四条 生态环境部根据国家温室气体排放控制要求，综合考虑经济增长、产业结构调整、能源结构优化、大气污染物排放协同控制等因素，制定碳排放配额总量确定与分配方案。

省级生态环境主管部门应当根据生态环境部制定的碳排放配额总量确定与分配方案，向本行政区域内的重点排放单位分配规定年度的碳排放配额。

第十五条 碳排放配额分配以免费分配为主，可以根据国家有关要求适时引入有偿分配。

第十六条 省级生态环境主管部门确定碳排放配额后，应当书面通知重点排放单位。

重点排放单位对分配的碳排放配额有异议的，可以自接到通知之日起七个工作日内，向分配配额的省级生态环境主管部门申请复核；省级生态环境主管部门应当自接到复核申请之日起十个工作日内，作出复核决定。

第十七条 重点排放单位应当在全国碳排放权注册登记系统开立账户，进行相关业务操作。

第十八条 重点排放单位发生合并、分立等情形需要变更单位名称、碳排放配额等事项的，应当报经所在地省级生态环境主管部门审核后，向全国碳排放权注册登记机构申请变更登记。全国碳排放权注册登记机构应当通过全国碳排放权注册登记系统进行变更登记，并向社会公开。

第十九条 国家鼓励重点排放单位、机构和个人，出于减少温室气体排放等公益目的自愿注销其所持有的碳排放配额。

自愿注销的碳排放配额，在国家碳排放配额总量中予以等量核减，不再进行分配、登记或者交易。相关注销情况应当向社会公开。

第四章 排 放 交 易

第二十条 全国碳排放权交易市场的交易产品为碳排放配额，生态环境部可以根据国家有关规定适时增加其他交易产品。

第二十一条 重点排放单位以及符合国家有关交易规则的机构和个人，是全国碳排放权交易市场的交易主体。

第二十二条 碳排放权交易应当通过全国碳排放权交易系统进行，可以采取协议转让、单向竞价或者其他符合规定的方式。

全国碳排放权交易机构应当按照生态环境部有关规定，采取有效措施，发挥全国碳排放权交易市场引导温室气体减排的作用，防止过度投机的交易行为，维护市场健康发展。

第二十三条 全国碳排放权注册登记机构应当根据全国碳排放权交易机构提供的成交结果，通过全国碳排放权注册登记系统为交易主体及时更新相关信息。

第二十四条 全国碳排放权注册登记机构和全国碳排放权交易机构应当按照国家有关规定，实现数据及时、准确、安全交换。

第五章 排放核查与配额清缴

第二十五条 重点排放单位应当根据生态环境部制定的温室气体排放核算与报告技术规范，编制该单位上一年度的温室气体排放报告，载明排放量，并于每年 3 月 31 日前报生产经营场所所在地的省级生态环境主管部门。排放报告所涉数据的原始记录和管理台账应当至少保存五年。

重点排放单位对温室气体排放报告的真实性、完整性、准确性负责。

重点排放单位编制的年度温室气体排放报告应当定期公开，接受社会监督，涉及国家秘密和商业秘密的除外。

第二十六条 省级生态环境主管部门应当组织开展对重点排放单位温室气体排放报告的核查，并将核查结果告知重点排放单位。核查结果应当作为重点排放单位碳排放配额清缴依据。

省级生态环境主管部门可以通过政府购买服务的方式委托技术服务机构提供核查服务。技术服务机构应当对提交的核查结果的真实性、完整性和准确性负责。

第二十七条 重点排放单位对核查结果有异议的，可以自被告知核查结果之日起七个工作日内，向组织核查的省级生态环境主管部门申请复核；省级生态环境主管部门应当自接到复核申请之日起十个工作日内，作出复核决定。

第二十八条 重点排放单位应当在生态环境部规定的时限内，向分配配额的省级生态环境主管部门清缴上年度的碳排放配额。清缴量应当大于等于省级生态环境主管部门核查结果确认的该单位上年度温室气体实际排放量。

第二十九条 重点排放单位每年可以使用国家核证自愿减排量抵销碳排放配额的清缴，抵销比例不得超过应清缴碳排放配额的 5%。相关规定由生态环境部另行制定。

用于抵销的国家核证自愿减排量，不得来自纳入全国碳排放权交易市场配额管理的减排项目。

第六章 监督管理

第三十条 上级生态环境主管部门应当加强对下级生态环境主管部门的重点排放单位名录确定、全国碳排放权交易及相关活动情况的监督检查和指导。

第三十一条 设区的市级以上地方生态环境主管部门根据对重点排放单位温室气体排放报告的核查结果，确定监督检查重点和频次。

设区的市级以上地方生态环境主管部门应当采取"双随机、一公开"的方式，监督检查重点排放单位温室气体排放和碳排放配额清缴情况，相关情况按程序报生态环境部。

第三十二条 生态环境部和省级生态环境主管部门，应当按照职责分工，定期公开重点排放单位年度碳排放配额清缴情况等信息。

第三十三条 全国碳排放权注册登记机构和全国碳排放权交易机构应当遵守国家交易监管等相关规定，建立风险管理机制和信息披露制度，制定风险管理预案，及时公布碳排放权登记、交易、结算等信息。

全国碳排放权注册登记机构和全国碳排放权交易机构的工作人员不得利用职务便利谋取不正当利益，不得泄露商业秘密。

第三十四条 交易主体违反本办法关于碳排放权注册登记、结算或者交易相关规定的，全国碳排放权注册登记机构和全国碳排放权交易机构可以按照国家有关规定，对其采取限制交易措施。

第三十五条　鼓励公众、新闻媒体等对重点排放单位和其他交易主体的碳排放权交易及相关活动进行监督。

重点排放单位和其他交易主体应当按照生态环境部有关规定，及时公开有关全国碳排放权交易及相关活动信息，自觉接受公众监督。

第三十六条　公民、法人和其他组织发现重点排放单位和其他交易主体有违反本办法规定行为的，有权向设区的市级以上地方生态环境主管部门举报。

接受举报的生态环境主管部门应当依法予以处理，并按照有关规定反馈处理结果，同时为举报人保密。

第七章　罚　　则

第三十七条　生态环境部、省级生态环境主管部门、设区的市级生态环境主管部门的有关工作人员，在全国碳排放权交易及相关活动的监督管理中滥用职权、玩忽职守、徇私舞弊的，由其上级行政机关或者监察机关责令改正，并依法给予处分。

第三十八条　全国碳排放权注册登记机构和全国碳排放权交易机构及其工作人员违反本办法规定，有下列行为之一的，由生态环境部依法给予处分，并向社会公开处理结果：

（一）利用职务便利谋取不正当利益的；

（二）有其他滥用职权、玩忽职守、徇私舞弊行为的。

全国碳排放权注册登记机构和全国碳排放权交易机构及其工作人员违反本办法规定，泄露有关商业秘密或者有构成其他违反国家交易监管规定行为的,依照其他有关规定处理。

第三十九条 重点排放单位虚报、瞒报温室气体排放报告,或者拒绝履行温室气体排放报告义务的,由其生产经营场所所在地设区的市级以上地方生态环境主管部门责令限期改正,处一万元以上三万元以下的罚款。逾期未改正的,由重点排放单位生产经营场所所在地的省级生态环境主管部门测算其温室气体实际排放量,并将该排放量作为碳排放配额清缴的依据;对虚报、瞒报部分,等量核减其下一年度碳排放配额。

第四十条 重点排放单位未按时足额清缴碳排放配额的,由其生产经营场所所在地设区的市级以上地方生态环境主管部门责令限期改正,处二万元以上三万元以下的罚款;逾期未改正的,对欠缴部分,由重点排放单位生产经营场所所在地的省级生态环境主管部门等量核减其下一年度碳排放配额。

第四十一条 违反本办法规定,涉嫌构成犯罪的,有关生态环境主管部门应当依法移送司法机关。

第八章 附　　则

第四十二条 本办法中下列用语的含义:

(一)温室气体:是指大气中吸收和重新放出红外辐射的自然和人为的气态成分,包括二氧化碳(CO_2)、甲烷(CH_4)、氧化亚氮(N_2O)、氢氟碳化物(HFCs)、全氟化碳(PFCs)、六氟化硫(SF_6)和三氟化氮(NF_3)。

(二)碳排放:是指煤炭、石油、天然气等化石能源燃烧活动和工业生产过程以及土地利用变化与林业等活动产生的温室气体排放，也包括因使用外购的电力和热力等所导致的温室气体排放。

（三）碳排放权：是指分配给重点排放单位的规定时期内的碳排放额度。

（四）国家核证自愿减排量：是指对我国境内可再生能源、林业碳汇、甲烷利用等项目的温室气体减排效果进行量化核证，并在国家温室气体自愿减排交易注册登记系统中登记的温室气体减排量。

第四十三条 本办法自 2021 年 2 月 1 日起施行。

温室气体自愿减排交易管理办法（试行）

（2023年10月19日生态环境部、
国家市场监督管理总局令第31号公布）

第一章　总　　则

第一条　为了推动实现我国碳达峰碳中和目标，控制和减少人为活动产生的温室气体排放，鼓励温室气体自愿减排行为，规范全国温室气体自愿减排交易及相关活动，根据党中央、国务院关于建设全国温室气体自愿减排交易市场的决策部署以及相关法律法规，制定本办法。

第二条　全国温室气体自愿减排交易及相关活动的监督管理，适用本办法。

第三条　全国温室气体自愿减排交易及相关活动应当坚持市场导向，遵循公平、公正、公开、诚信和自愿的原则。

第四条　中华人民共和国境内依法成立的法人和其他组织，可以依照本办法开展温室气体自愿减排活动，申请温室气体自愿减排项目和减排量的登记。

符合国家有关规定的法人、其他组织和自然人，可以依照本办法参与温室气体自愿减排交易。

第五条 生态环境部按照国家有关规定建设全国温室气体自愿减排交易市场，负责制定全国温室气体自愿减排交易及相关活动的管理要求和技术规范，并对全国温室气体自愿减排交易及相关活动进行监督管理和指导。

省级生态环境主管部门负责对本行政区域内温室气体自愿减排交易及相关活动进行监督管理。

设区的市级生态环境主管部门配合省级生态环境主管部门对本行政区域内温室气体自愿减排交易及相关活动实施监督管理。

市场监管部门、生态环境主管部门根据职责分工，对从事温室气体自愿减排项目审定与减排量核查的机构（以下简称审定与核查机构）及其审定与核查活动进行监督管理。

第六条 生态环境部按照国家有关规定，组织建立统一的全国温室气体自愿减排注册登记机构（以下简称注册登记机构），组织建设全国温室气体自愿减排注册登记系统（以下简称注册登记系统）。

注册登记机构负责注册登记系统的运行和管理，通过该系统受理温室气体自愿减排项目和减排量的登记、注销申请，记录温室气体自愿减排项目相关信息和核证自愿减排量的登记、持有、变更、注销等信息。注册登记系统记录的信息是判断核证自愿减排量归属和状态的最终依据。

注册登记机构可以按照国家有关规定，制定温室气体自愿减排项目和减排量登记的具体业务规则，并报生态环境部备案。

第七条 生态环境部按照国家有关规定，组织建立统一的全国温室气体自愿减排交易机构（以下简称交易机构），组织建设全国温室气体自愿减排交易系统（以下简称交易系统）。

交易机构负责交易系统的运行和管理，提供核证自愿减排量的集中统一交易与结算服务。

交易机构应当按照国家有关规定采取有效措施，维护市场健康发展，防止过度投机，防范金融等方面的风险。

交易机构可以按照国家有关规定，制定核证自愿减排量交易的具体业务规则，并报生态环境部备案。

第八条 生态环境部负责组织制定并发布温室气体自愿减排项目方法学（以下简称项目方法学）等技术规范，作为相关领域自愿减排项目审定、实施与减排量核算、核查的依据。

项目方法学应当规定适用条件、减排量核算方法、监测方法、项目审定与减排量核查要求等内容，并明确可申请项目减排量登记的时间期限。

项目方法学应当根据经济社会发展、产业结构调整、行业发展阶段、应对气候变化政策等因素及时修订，条件成熟时纳入国家标准体系。

第二章 项目审定与登记

第九条 申请登记的温室气体自愿减排项目应当有利于降碳增汇，能够避免、减少温室气体排放，或者实现温室气体的清除。

第十条 申请登记的温室气体自愿减排项目应当具备下列条件：

（一）具备真实性、唯一性和额外性；

（二）属于生态环境部发布的项目方法学支持领域；

（三）于 2012 年 11 月 8 日之后开工建设；

（四）符合生态环境部规定的其他条件。

属于法律法规、国家政策规定有温室气体减排义务的项目，或者纳入全国和地方碳排放权交易市场配额管理的项目，不得申请温室气体自愿减排项目登记。

第十一条 申请温室气体自愿减排项目登记的法人或者其他组织（以下简称项目业主）应当按照项目方法学等相关技术规范要求编制项目设计文件，并委托审定与核查机构对项目进行审定。

项目设计文件所涉数据和信息的原始记录、管理台账应当在该项目最后一期减排量登记后至少保存十年。

第十二条 项目业主申请温室气体自愿减排项目登记前，应当通过注册登记系统公示项目设计文件，并对公示材料的真实性、完整性和有效性负责。

项目业主公示项目设计文件时，应当同步公示其所委托的审定与核查机构的名称。

项目设计文件公示期为二十个工作日。公示期间，公众可以通过注册登记系统提出意见。

第十三条 审定与核查机构应当按照国家有关规定对申请登记的温室气体自愿减排项目的以下事项进行审定，并出具项目审定报告，上传至注册登记系统，同时向社会公开：

（一）是否符合相关法律法规、国家政策；

（二）是否属于生态环境部发布的项目方法学支持领域；

（三）项目方法学的选择和使用是否得当；

（四）是否具备真实性、唯一性和额外性；

（五）是否符合可持续发展要求，是否对可持续发展各方面产生不利影响。

项目审定报告应当包括肯定或者否定的项目审定结论，以及项目业主对公示期间收到的公众意见处理情况的说明。

审定与核查机构应当对项目审定报告的合规性、真实性、准确性负责，并在项目审定报告中作出承诺。

第十四条 审定与核查机构出具项目审定报告后，项目业主可以向注册登记机构申请温室气体自愿减排项目登记。

项目业主申请温室气体自愿减排项目登记时，应当通过注册登记系统提交项目申请表和审定与核查机构上传的项目设计文件、项目审定报告，并附具对项目唯一性以及所提供材料真实性、完整性和有效性负责的承诺书。

第十五条 注册登记机构对项目业主提交材料的完整性、规范性进行审核，在收到申请材料之日起十五个工作日内对审核通过的温室气体自愿减排项目进行登记，并向社会公开项目登记情况以及项目业主提交的全部材料；申请材料不完整、不规范的，不予登记，并告知项目业主。

第十六条 已登记的温室气体自愿减排项目出现项目业主主体灭失、项目不复存续等情形的，注册登记机构调查核实后，对已登记的项目进行注销。

项目业主可以自愿向注册登记机构申请对已登记的温室气体自愿减排项目进行注销。

温室气体自愿减排项目注销情况应当通过注册登记系统向社会

公开；注销后的项目不得再次申请登记。

第三章　减排量核查与登记

第十七条　经注册登记机构登记的温室气体自愿减排项目可以申请项目减排量登记。申请登记的项目减排量应当可测量、可追溯、可核查，并具备下列条件：

（一）符合保守性原则；

（二）符合生态环境部发布的项目方法学；

（三）产生于2020年9月22日之后；

（四）在可申请项目减排量登记的时间期限内；

（五）符合生态环境部规定的其他条件。

项目业主可以分期申请项目减排量登记。每期申请登记的项目减排量的产生时间应当在其申请登记之日前五年以内。

第十八条　项目业主申请项目减排量登记的，应当按照项目方法学等相关技术规范要求编制减排量核算报告，并委托审定与核查机构对减排量进行核查。项目业主不得委托负责项目审定的审定与核查机构开展该项目的减排量核查。

减排量核算报告所涉数据和信息的原始记录、管理台账应当在该温室气体自愿减排项目最后一期减排量登记后至少保存十年。

项目业主应当加强对温室气体自愿减排项目实施情况的日常监测。鼓励项目业主采用信息化、智能化措施加强数据管理。

第十九条　项目业主申请项目减排量登记前，应当通过注册登记系统公示减排量核算报告，并对公示材料的真实性、完整性和有效性负责。

项目业主公示减排量核算报告时，应当同步公示其所委托的审定与核查机构的名称。

减排量核算报告公示期为二十个工作日。公示期间，公众可以通过注册登记系统提出意见。

第二十条　审定与核查机构应当按照国家有关规定对减排量核算报告的下列事项进行核查，并出具减排量核查报告，上传至注册登记系统，同时向社会公开：

（一）是否符合项目方法学等相关技术规范要求；

（二）项目是否按照项目设计文件实施；

（三）减排量核算是否符合保守性原则。

减排量核查报告应当确定经核查的减排量，并说明项目业主对公示期间收到的公众意见处理情况。

审定与核查机构应当对减排量核查报告的合规性、真实性、准确性负责，并在减排量核查报告中作出承诺。

第二十一条　审定与核查机构出具减排量核查报告后，项目业主可以向注册登记机构申请项目减排量登记；申请登记的项目减排量应当与减排量核查报告确定的减排量一致。

项目业主申请项目减排量登记时，应当通过注册登记系统提交项目减排量申请表和审定与核查机构上传的减排量核算报告、减排量核查报告，并附具对减排量核算报告真实性、完整性和有效性负责的承诺书。

第二十二条　注册登记机构对项目业主提交材料的完整性、规范性进行审核，在收到申请材料之日起十五个工作日内对审核通过的项目减排量进行登记，并向社会公开减排量登记情况以及项目业主提交的全部材料；申请材料不完整、不规范的，不予登记，并告知项目业主。

经登记的项目减排量称为"核证自愿减排量"，单位以"吨二氧化碳当量（tCO$_2$e）"计。

第四章 减排量交易

第二十三条 全国温室气体自愿减排交易市场的交易产品为核证自愿减排量。生态环境部可以根据国家有关规定适时增加其他交易产品。

第二十四条 从事核证自愿减排量交易的交易主体，应当在注册登记系统和交易系统开设账户。

第二十五条 核证自愿减排量的交易应当通过交易系统进行。

核证自愿减排量交易可以采取挂牌协议、大宗协议、单向竞价及其他符合规定的交易方式。

第二十六条 注册登记机构根据交易机构提供的成交结果，通过注册登记系统为交易主体及时变更核证自愿减排量的持有数量和持有状态等相关信息。

注册登记机构和交易机构应当按照国家有关规定，实现系统间数据及时、准确、安全交换。

第二十七条 交易主体违反关于核证自愿减排量登记、结算或者交易相关规定的，注册登记机构和交易机构可以按照国家有关规定，对其采取限制交易措施。

第二十八条 核证自愿减排量按照国家有关规定用于抵销全国碳排放权交易市场和地方碳排放权交易市场碳排放配额清缴、大型活动碳中和、抵销企业温室气体排放等用途的，应当在注册登记系统中予以注销。

鼓励参与主体为了公益目的，自愿注销其所持有的核证自愿减排量。

第二十九条 核证自愿减排量跨境交易和使用的具体规定，由生态环境部会同有关部门另行制定。

第五章　审定与核查机构管理

第三十条 审定与核查机构纳入认证机构管理，应当按照《中华人民共和国认证认可条例》《认证机构管理办法》等关于认证机构的规定，公正、独立和有效地从事审定与核查活动。

审定与核查机构应当具备与从事审定与核查活动相适应的技术和管理能力，并且符合以下条件：

（一）具备开展审定与核查活动相配套的固定办公场所和必要的设施；

（二）具备十名以上相应领域具有审定与核查能力的专职人员，其中至少有五名人员具有二年及以上温室气体排放审定与核查工作经历；

（三）建立完善的审定与核查活动管理制度；

（四）具备开展审定与核查活动所需的稳定的财务支持，建立与业务风险相适应的风险基金或者保险，有应对风险的能力；

（五）符合审定与核查机构相关标准要求；

（六）近五年无严重失信记录。

开展审定与核查机构审批时，市场监管总局会同生态环境部根据工作需要制定并公布审定与核查机构需求信息，组织相关领域专家组成专家评审委员会，对审批申请进行评审，经审核并征求生态环境部同意后，按照资源合理利用、公平竞争和便利、有效的原则，作出是否批准的决定。

审定与核查机构在获得批准后，方可进行相关审定与核查活动。

第三十一条 审定与核查机构应当遵守法律法规和市场监管总局、生态环境部发布的相关规定，在批准的业务范围内开展相关活动，保证审定与核查活动过程的完整、客观、真实，并做出完整记录，归档留存，确保审定与核查过程和结果具有可追溯性。鼓励审定与核查机构获得认可。

审定与核查机构应当加强行业自律。审定与核查机构及其工作人员应当对其出具的审定报告与核查报告的合规性、真实性、准确性负责，不得弄虚作假，不得泄露项目业主的商业秘密。

第三十二条 审定与核查机构应当每年向市场监管总局和生态环境部提交工作报告，并对报告内容的真实性负责。

审定与核查机构提交的工作报告应当对审定与核查机构遵守项目审定与减排量核查法律法规和技术规范的情况、从事审定与核查活动的情况、从业人员的工作情况等作出说明。

第三十三条 市场监管总局、生态环境部共同组建审定与核查技术委员会，协调解决审定与核查有关技术问题，研究提出相关工作建议，提升审定与核查活动的一致性、科学性和合理性，为审定与核查活动监督管理提供技术支撑。

第六章 监督管理

第三十四条 生态环境部负责指导督促地方对温室气体自愿减排交易及相关活动开展监督检查，查处具有典型意义和重大社会影响的违法行为。

省级生态环境主管部门可以会同有关部门，对已登记的温室气体自愿减排项目与核证自愿减排量的真实性、合规性组织开展监督检查，受理对本行政区域内温室气体自愿减排项目提出的公众举报，查处违法行为。

设区的市级生态环境主管部门按照省级生态环境主管部门的统一部署配合开展现场检查。

省级以上生态环境主管部门可以通过政府购买服务等方式，委托依法成立的技术服务机构提供监督检查方面的技术支撑。

第三十五条 市场监管部门依照法律法规和相关规定，对审定与核查活动实施日常监督检查，查处违法行为。结合随机抽查、行政处罚、投诉举报、严重失信名单以及大数据分析等信息，对审定与核查机构实行分类监管。

生态环境主管部门与市场监管部门建立信息共享与协调工作机制。对于监督检查过程中发现的审定与核查活动问题线索，生态环境主管部门应当及时向市场监管部门移交。

第三十六条 生态环境主管部门对项目业主进行监督检查时，可以采取下列措施：

（一）要求被检查单位提供有关资料，查阅、复制相关信息；

（二）进入被检查单位的生产、经营、储存等场所进行调查；

（三）询问被检查单位负责人或者其他有关人员；

（四）要求被检查单位就执行本办法规定的有关情况作出说明。

被检查单位应当予以配合，如实反映情况，提供必要资料，不得拒绝和阻挠。

第三十七条　生态环境主管部门、市场监管部门、注册登记机构、交易机构、审定与核查机构及其相关工作人员应当忠于职守、依法办事、公正廉洁，不得利用职务便利牟取不正当利益，不得参与核证自愿减排量交易以及其他可能影响审定与核查公正性的活动。

审定与核查机构不得接受任何可能对审定与核查活动的客观公正产生影响的资助，不得从事可能对审定与核查活动的客观公正产生影响的开发、营销、咨询等活动，不得与委托的项目业主存在资产、管理方面的利益关系，不得为项目业主编制项目设计文件和减排量核算报告。

交易主体不得通过欺诈、相互串通、散布虚假信息等方式操纵或者扰乱全国温室气体自愿减排交易市场。

第三十八条　注册登记机构和交易机构应当保证注册登记系统和交易系统安全稳定可靠运行，并定期向生态环境部报告全国温室气体自愿减排登记、交易相关活动和机构运行情况，及时报告对温室气体自愿减排交易市场有重大影响的相关事项。相关内容可以抄送省级生态环境主管部门。

第三十九条　注册登记机构和交易机构应当对已登记的温室气体自愿减排项目建立项目档案，记录、留存相关信息。

第四十条　市场监管部门、生态环境主管部门应当依法加强信用监督管理，将相关行政处罚信息纳入国家企业信用信息公示系统。

第四十一条 鼓励公众、新闻媒体等对温室气体自愿减排交易及相关活动进行监督。任何单位和个人都有权举报温室气体自愿减排交易及相关活动中的弄虚作假等违法行为。

第七章　罚　　则

第四十二条 违反本办法规定，拒不接受或者阻挠监督检查，或者在接受监督检查时弄虚作假的，由实施监督检查的生态环境主管部门或者市场监管部门责令改正，可以处一万元以上十万元以下的罚款。

第四十三条 项目业主在申请温室气体自愿减排项目或者减排量登记时提供虚假材料的，由省级以上生态环境主管部门责令改正，处一万元以上十万元以下的罚款；存在篡改、伪造数据等故意弄虚作假行为的，省级以上生态环境主管部门还应当通知注册登记机构撤销项目登记，三年内不再受理该项目业主提交的温室气体自愿减排项目和减排量登记申请。

项目业主因实施前款规定的弄虚作假行为取得虚假核证自愿减排量的，由省级以上生态环境主管部门通知注册登记机构和交易机构对该项目业主持有的核证自愿减排量暂停交易，责令项目业主注销与虚假部分同等数量的减排量；逾期未按要求注销的，由省级以上生态环境主管部门通知注册登记机构强制注销，对不足部分责令退回，处五万元以上十万元以下的罚款，不再受理该项目业主提交的温室气体自愿减排量项目和减排量申请。

第四十四条 审定与核查机构有下列行为之一的，由实施监督检查的市场监管部门依照《中华人民共和国认证认可条例》责令改正，处五万元以上二十万元以下的罚款，有违法所得的，没收违法所得；情节严重的，责令停业整顿，直至撤销批准文件，并予公布：

（一）超出批准的业务范围开展审定与核查活动的；

（二）增加、减少、遗漏审定与核查基本规范、规则规定的程序的。

审定与核查机构出具虚假报告，或者出具报告的结论严重失实的，由市场监管部门依照《中华人民共和国认证认可条例》撤销批准文件，并予公布；对直接负责的主管人员和负有直接责任的审定与核查人员，撤销其执业资格。

审定与核查机构接受可能对审定与核查活动的客观公正产生影响的资助，或者从事可能对审定与核查活动的客观公正产生影响的产品开发、营销等活动，或者与项目业主存在资产、管理方面的利益关系的，由市场监管部门依照《中华人民共和国认证认可条例》责令停业整顿；情节严重的，撤销批准文件，并予公布；有违法所得的，没收违法所得。

第四十五条 交易主体违反本办法规定，操纵或者扰乱全国温室气体自愿减排交易市场的，由生态环境部给予通报批评，并处一万元以上十万元以下的罚款。

第四十六条 生态环境主管部门、市场监管部门、注册登记机构、交易机构的相关工作人员有滥用职权、玩忽职守、徇私舞弊行为的，由其所属单位或者上级行政机关责令改正并依法予以处分。

前述单位相关工作人员有泄露有关商业秘密或者其他构成违反国家交易监督管理规定行为的，依照其他有关法律法规的规定处理。

第四十七条 违反本办法规定，涉嫌构成犯罪的，依法移送司法机关。

第八章 附 则

第四十八条 本办法中下列用语的含义：

温室气体，是指大气中吸收和重新放出红外辐射的自然和人为的气态成分，包括二氧化碳（CO_2）、甲烷（CH_4）、氧化亚氮（N_2O）、氢氟碳化物（HFCs）、全氟化碳（PFCs）、六氟化硫（SF_6）和三氟化氮（NF_3）。

审定与核查机构，是指依法设立，从事温室气体自愿减排项目审定或者温室气体自愿减排项目减排量核查活动的合格评定机构。

唯一性，是指项目未参与其他温室气体减排交易机制，不存在项目重复认定或者减排量重复计算的情形。

额外性，是指作为温室气体自愿减排项目实施时，与能够提供同等产品和服务的其他替代方案相比，在内部收益率财务指标等方面不是最佳选择，存在融资、关键技术等方面的障碍，但是作为自愿减排项目实施有助于克服上述障碍，并且相较于相关项目方法学确定的基准线情景，具有额外的减排效果，即项目的温室气体排放量低于基准线排放量，或者温室气体清除量高于基准线清除量。

保守性，是指在温室气体自愿减排项目减排量核算或者核查过程中，如果缺少有效的技术手段或者技术规范要求，存在一定的不确定性，难以对相关参数、技术路径进行精准判断时，应当采用保守方式进行估计、取值等，确保项目减排量不被过高计算。

第四十九条 2017 年 3 月 14 日前获得国家应对气候变化主管部门备案的温室气体自愿减排项目应当按照本办法规定，重新申请项目登记；已获得备案的减排量可以按照国家有关规定继续使用。

第五十条 本办法由生态环境部、市场监管总局在各自的职责范围内解释。

第五十一条 本办法自公布之日起施行。

碳排放权登记管理规则（试行）

(2021年5月14日生态环境部公告2021年第21号发布)

第一章 总 则

第一条 为规范全国碳排放权登记活动，保护全国碳排放权交易市场各参与方的合法权益，维护全国碳排放权交易市场秩序，根据《碳排放权交易管理办法（试行）》，制定本规则。

第二条 全国碳排放权持有、变更、清缴、注销的登记及相关业务的监督管理，适用本规则。全国碳排放权注册登记机构（以下简称注册登记机构）、全国碳排放权交易机构（以下简称交易机构）、登记主体及其他相关参与方应当遵守本规则。

第三条 注册登记机构通过全国碳排放权注册登记系统（以下简称注册登记系统）对全国碳排放权的持有、变更、清缴和注销等实施集中统一登记。注册登记系统记录的信息是判断碳排放配额归属的最终依据。

第四条 重点排放单位以及符合规定的机构和个人，是全国碳排放权登记主体。

第五条 全国碳排放权登记应当遵循公开、公平、公正、安全和高效的原则。

第二章 账户管理

第六条 注册登记机构依申请为登记主体在注册登记系统中开立登记账户，该账户用于记录全国碳排放权的持有、变更、清缴和注销等信息。

第七条 每个登记主体只能开立一个登记账户。登记主体应当以本人或者本单位名义申请开立登记账户，不得冒用他人或者其他单位名义或者使用虚假证件开立登记账户。

第八条 登记主体申请开立登记账户时，应当根据注册登记机构有关规定提供申请材料，并确保相关申请材料真实、准确、完整、有效。委托他人或者其他单位代办的，还应当提供授权委托书等证明委托事项的必要材料。

第九条 登记主体申请开立登记账户的材料中应当包括登记主体基本信息、联系信息以及相关证明材料等。

第十条 注册登记机构在收到开户申请后，对登记主体提交相关材料进行形式审核，材料审核通过后5个工作日内完成账户开立并通知登记主体。

第十一条 登记主体下列信息发生变化时，应当及时向注册登记机构提交信息变更证明材料，办理登记账户信息变更手续：

（一）登记主体名称或者姓名；

（二）营业执照，有效身份证明文件类型、号码及有效期；

（三）法律法规、部门规章等规定的其他事项。

注册登记机构在完成信息变更材料审核后5个工作日内完成账

户信息变更并通知登记主体。

联系电话、邮箱、通讯地址等联系信息发生变化的，登记主体应当及时通过注册登记系统在登记账户中予以更新。

第十二条 登记主体应当妥善保管登记账户的用户名和密码等信息。登记主体登记账户下发生的一切活动均视为其本人或者本单位行为。

第十三条 注册登记机构定期检查登记账户使用情况，发现营业执照、有效身份证明文件与实际情况不符，或者发生变化且未按要求及时办理登记账户信息变更手续的，注册登记机构应当对有关不合格账户采取限制使用等措施，其中涉及交易活动的应当及时通知交易机构。

对已采取限制使用等措施的不合格账户，登记主体申请恢复使用的，应当向注册登记机构申请办理账户规范手续。能够规范为合格账户的，注册登记机构应当解除限制使用措施。

第十四条 发生下列情形的，登记主体或者依法承继其权利义务的主体应当提交相关申请材料，申请注销登记账户：

（一）法人以及非法人组织登记主体因合并、分立、依法被解散或者破产等原因导致主体资格丧失；

（二）自然人登记主体死亡；

（三）法律法规、部门规章等规定的其他情况。

登记主体申请注销登记账户时，应当了结其相关业务。申请注销登记账户期间和登记账户注销后，登记主体无法使用该账户进行交易等相关操作。

第十五条 登记主体如对第十三条所述限制使用措施有异议，

可以在措施生效后 15 个工作日内向注册登记机构申请复核；注册登记机构应当在收到复核申请后 10 个工作日内予以书面回复。

第三章 登 记

第十六条 登记主体可以通过注册登记系统查询碳排放配额持有数量和持有状态等信息。

第十七条 注册登记机构根据生态环境部制定的碳排放配额分配方案和省级生态环境主管部门确定的配额分配结果，为登记主体办理初始分配登记。

第十八条 注册登记机构应当根据交易机构提供的成交结果办理交易登记，根据经省级生态环境主管部门确认的碳排放配额清缴结果办理清缴登记。

第十九条 重点排放单位可以使用符合生态环境部规定的国家核证自愿减排量抵销配额清缴。用于清缴部分的国家核证自愿减排量应当在国家温室气体自愿减排交易注册登记系统注销，并由重点排放单位向注册登记机构提交有关注销证明材料。注册登记机构核验相关材料后，按照生态环境部相关规定办理抵销登记。

第二十条 登记主体出于减少温室气体排放等公益目的自愿注销其所持有的碳排放配额，注册登记机构应当为其办理变更登记，并出具相关证明。

第二十一条 碳排放配额以承继、强制执行等方式转让的，登记主体或者依法承继其权利义务的主体应当向注册登记机构提供有效的证明文件，注册登记机构审核后办理变更登记。

第二十二条 司法机关要求冻结登记主体碳排放配额的，注册登记机构应当予以配合；涉及司法扣划的，注册登记机构应当根据人民法院的生效裁判，对涉及登记主体被扣划部分的碳排放配额进行核验，配合办理变更登记并公告。

第四章 信息管理

第二十三条 司法机关和国家监察机关依照法定条件和程序向注册登记机构查询全国碳排放权登记相关数据和资料的，注册登记机构应当予以配合。

第二十四条 注册登记机构应当依照法律、行政法规及生态环境部相关规定建立信息管理制度，对涉及国家秘密、商业秘密的，按照相关法律法规执行。

第二十五条 注册登记机构应当与交易机构建立管理协调机制，实现注册登记系统与交易系统的互通互联，确保相关数据和信息及时、准确、安全、有效交换。

第二十六条 注册登记机构应当建设灾备系统，建立灾备管理机制和技术支撑体系，确保注册登记系统和交易系统数据、信息安全，实现信息共享与交换。

第五章 监督管理

第二十七条 生态环境部加强对注册登记机构和注册登记活动的监督管理，可以采取询问注册登记机构及其从业人员、查阅和复制与登记活动有关的信息资料、以及法律法规规定的其他措施等进行监管。

第二十八条 各级生态环境主管部门及其相关直属业务支撑机

构工作人员，注册登记机构、交易机构、核查技术服务机构及其工作人员，不得持有碳排放配额。已持有碳排放配额的，应当依法予以转让。

任何人在成为前款所列人员时，其本人已持有或者委托他人代为持有的碳排放配额，应当依法转让并办理完成相关手续，向供职单位报告全部转让相关信息并备案在册。

第二十九条 注册登记机构应当妥善保存登记的原始凭证及有关文件和资料，保存期限不得少于20年，并进行凭证电子化管理。

第六章 附　　则

第三十条 注册登记机构可以根据本规则制定登记业务规则等实施细则。

第三十一条 本规则自公布之日起施行。

碳排放权交易管理规则（试行）

(2021年5月14日生态环境部公告2021年第21号发布)

第一章 总 则

第一条 为规范全国碳排放权交易，保护全国碳排放权交易市场各参与方的合法权益，维护全国碳排放权交易市场秩序，根据《碳排放权交易管理办法（试行）》，制定本规则。

第二条 本规则适用于全国碳排放权交易及相关服务业务的监督管理。全国碳排放权交易机构（以下简称交易机构）、全国碳排放权注册登记机构（以下简称注册登记机构）、交易主体及其他相关参与方应当遵守本规则。

第三条 全国碳排放权交易应当遵循公开、公平、公正和诚实信用的原则。

第二章 交 易

第四条 全国碳排放权交易主体包括重点排放单位以及符合国家有关交易规则的机构和个人。

第五条 全国碳排放权交易市场的交易产品为碳排放配额，生态环境部可以根据国家有关规定适时增加其他交易产品。

第六条 碳排放权交易应当通过全国碳排放权交易系统进行，可以采取协议转让、单向竞价或者其他符合规定的方式。

协议转让是指交易双方协商达成一致意见并确认成交的交易方式，包括挂牌协议交易及大宗协议交易。其中，挂牌协议交易是指交易主体通过交易系统提交卖出或者买入挂牌申报，意向受让方或者出让方对挂牌申报进行协商并确认成交的交易方式。大宗协议交易是指交易双方通过交易系统进行报价、询价并确认成交的交易方式。

单向竞价是指交易主体向交易机构提出卖出或买入申请，交易机构发布竞价公告，多个意向受让方或者出让方按照规定报价，在约定时间内通过交易系统成交的交易方式。

第七条 交易机构可以对不同交易方式设置不同交易时段，具体交易时段的设置和调整由交易机构公布后报生态环境部备案。

第八条 交易主体参与全国碳排放权交易，应当在交易机构开立实名交易账户，取得交易编码，并在注册登记机构和结算银行分别开立登记账户和资金账户。每个交易主体只能开设一个交易账户。

第九条 碳排放配额交易以"每吨二氧化碳当量价格"为计价单位，买卖申报量的最小变动计量为1吨二氧化碳当量，申报价格的最小变动计量为0.01元人民币。

第十条 交易机构应当对不同交易方式的单笔买卖最小申报数量及最大申报数量进行设定，并可以根据市场风险状况进行调整。单笔买卖申报数量的设定和调整，由交易机构公布后报生态环境部备案。

第十一条 交易主体申报卖出交易产品的数量，不得超出其交易账户内可交易数量。交易主体申报买入交易产品的相应资金，不得超出其交易账户内的可用资金。

第十二条 碳排放配额买卖的申报被交易系统接受后即刻生效，并在当日交易时间内有效，交易主体交易账户内相应的资金和交易产品即被锁定。未成交的买卖申报可以撤销。如未撤销，未成交申报在该日交易结束后自动失效。

第十三条 买卖申报在交易系统成交后，交易即告成立。符合本规则达成的交易于成立时即告交易生效，买卖双方应当承认交易结果，履行清算交收义务。依照本规则达成的交易，其成交结果以交易系统记录的成交数据为准。

第十四条 已买入的交易产品当日内不得再次卖出。卖出交易产品的资金可以用于该交易日内的交易。

第十五条 交易主体可以通过交易机构获取交易凭证及其他相关记录。

第十六条 碳排放配额的清算交收业务，由注册登记机构根据交易机构提供的成交结果按规定办理。

第十七条 交易机构应当妥善保存交易相关的原始凭证及有关文件和资料，保存期限不得少于 20 年。

第三章 风险管理

第十八条 生态环境部可以根据维护全国碳排放权交易市场健康发展的需要，建立市场调节保护机制。当交易价格出现异常波动触发调节保护机制时，生态环境部可以采取公开市场操作、调节国家核证自愿减排量使用方式等措施，进行必要的市场调节。

第十九条 交易机构应建立风险管理制度，并报生态环境部备案。

第二十条 交易机构实行涨跌幅限制制度。

交易机构应当设定不同交易方式的涨跌幅比例，并可以根据市场风险状况对涨跌幅比例进行调整。

第二十一条 交易机构实行最大持仓量限制制度。交易机构对交易主体的最大持仓量进行实时监控，注册登记机构应当对交易机构实时监控提供必要支持。

交易主体交易产品持仓量不得超过交易机构规定的限额。

交易机构可以根据市场风险状况，对最大持仓量限额进行调整。

第二十二条 交易机构实行大户报告制度。

交易主体的持仓量达到交易机构规定的大户报告标准的，交易主体应当向交易机构报告。

第二十三条 交易机构实行风险警示制度。交易机构可以采取要求交易主体报告情况、发布书面警示和风险警示公告、限制交易等措施，警示和化解风险。

第二十四条 交易机构应当建立风险准备金制度。风险准备金是指由交易机构设立，用于为维护碳排放权交易市场正常运转提供财务担保和弥补不可预见风险带来的亏损的资金。风险准备金应当单独核算，专户存储。

第二十五条 交易机构实行异常交易监控制度。交易主体违反本规则或者交易机构业务规则、对市场正在产生或者将产生重大影响的，交易机构可以对该交易主体采取以下临时措施：

（一）限制资金或者交易产品的划转和交易；

（二）限制相关账户使用。

上述措施涉及注册登记机构的，应当及时通知注册登记机构。

第二十六条 因不可抗力、不可归责于交易机构的重大技术故障等原因导致部分或者全部交易无法正常进行的，交易机构可以采取暂停交易措施。

导致暂停交易的原因消除后，交易机构应当及时恢复交易。

第二十七条 交易机构采取暂停交易、恢复交易等措施时，应当予以公告，并向生态环境部报告。

第四章 信息管理

第二十八条 交易机构应建立信息披露与管理制度，并报生态环境部备案。交易机构应当在每个交易日发布碳排放配额交易行情等公开信息，定期编制并发布反映市场成交情况的各类报表。

根据市场发展需要，交易机构可以调整信息发布的具体方式和相关内容。

第二十九条 交易机构应当与注册登记机构建立管理协调机制，实现交易系统与注册登记系统的互通互联，确保相关数据和信息及时、准确、安全、有效交换。

第三十条 交易机构应当建立交易系统的灾备系统，建立灾备管理机制和技术支撑体系，确保交易系统和注册登记系统数据、信息安全。

第三十一条　交易机构不得发布或者串通其他单位和个人发布虚假信息或者误导性陈述。

第五章　监督管理

第三十二条　生态环境部加强对交易机构和交易活动的监督管理，可以采取询问交易机构及其从业人员、查阅和复制与交易活动有关的信息资料、以及法律法规规定的其他措施等进行监管。

第三十三条　全国碳排放权交易活动中，涉及交易经营、财务或者对碳排放配额市场价格有影响的尚未公开的信息及其他相关信息内容，属于内幕信息。禁止内幕信息的知情人、非法获取内幕信息的人员利用内幕信息从事全国碳排放权交易活动。

第三十四条　禁止任何机构和个人通过直接或者间接的方法，操纵或者扰乱全国碳排放权交易市场秩序、妨碍或者有损公正交易的行为。因为上述原因造成严重后果的交易，交易机构可以采取适当措施并公告。

第三十五条　交易机构应当定期向生态环境部报告的事项包括交易机构运行情况和年度工作报告、经会计师事务所审计的年度财务报告、财务预决算方案、重大开支项目情况等。

交易机构应当及时向生态环境部报告的事项包括交易价格出现连续涨跌停或者大幅波动、发现重大业务风险和技术风险、重大违法违规行为或者涉及重大诉讼、交易机构治理和运行管理等出现重大变化等。

第三十六条　交易机构对全国碳排放权交易相关信息负有保密义务。交易机构工作人员应当忠于职守、依法办事，除用于信息披露的信息之外，不得泄露所知悉的市场交易主体的账户信息和业务信息等信息。交易系统软硬件服务提供者等全国碳排放权交易或者服务参与、介入相关主体不得泄露全国碳排放权交易或者服务中获取的商业秘密。

第三十七条 交易机构对全国碳排放权交易进行实时监控和风险控制，监控内容主要包括交易主体的交易及其相关活动的异常业务行为，以及可能造成市场风险的全国碳排放权交易行为。

第六章 争议处置

第三十八条 交易主体之间发生有关全国碳排放权交易的纠纷，可以自行协商解决，也可以向交易机构提出调解申请，还可以依法向仲裁机构申请仲裁或者向人民法院提起诉讼。

交易机构与交易主体之间发生有关全国碳排放权交易的纠纷，可以自行协商解决，也可以依法向仲裁机构申请仲裁或者向人民法院提起诉讼。

第三十九条 申请交易机构调解的当事人，应当提出书面调解申请。交易机构的调解意见，经当事人确认并在调解意见书上签章后生效。

第四十条 交易机构和交易主体，或者交易主体间发生交易纠纷的，当事人均应当记录有关情况，以备查阅。交易纠纷影响正常交易的，交易机构应当及时采取止损措施。

第七章 附则

第四十一条 交易机构可以根据本规则制定交易业务规则等实施细则。

第四十二条 本规则自公布之日起施行。

碳排放权结算管理规则（试行）

（2021年5月14日生态环境部公告2021年第21号发布）

第一章 总 则

第一条 为规范全国碳排放权交易的结算活动，保护全国碳排放权交易市场各参与方的合法权益，维护全国碳排放权交易市场秩序，根据《碳排放权交易管理办法（试行）》，制定本规则。

第二条 本规则适用于全国碳排放权交易的结算监督管理。全国碳排放权注册登记机构（以下简称注册登记机构）、全国碳排放权交易机构（以下简称交易机构）、交易主体及其他相关参与方应当遵守本规则。

第三条 注册登记机构负责全国碳排放权交易的统一结算，管理交易结算资金，防范结算风险。

第四条 全国碳排放权交易的结算应当遵守法律、行政法规、国家金融监管的相关规定以及注册登记机构相关业务规则等，遵循公开、公平、公正、安全和高效的原则。

第二章 资金结算账户管理

第五条 注册登记机构应当选择符合条件的商业银行作为结算

银行，并在结算银行开立交易结算资金专用账户，用于存放各交易主体的交易资金和相关款项。

注册登记机构对各交易主体存入交易结算资金专用账户的交易资金实行分账管理。

注册登记机构与交易主体之间的业务资金往来，应当通过结算银行所开设的专用账户办理。

第六条 注册登记机构应与结算银行签订结算协议，依据中国人民银行等有关主管部门的规定和协议约定，保障各交易主体存入交易结算资金专用账户的交易资金安全。

第三章 结 算

第七条 在当日交易结束后，注册登记机构应当根据交易系统的成交结果，按照货银对付的原则，以每个交易主体为结算单位，通过注册登记系统进行碳排放配额与资金的逐笔全额清算和统一交收。

第八条 当日完成清算后，注册登记机构应当将结果反馈给交易机构。经双方确认无误后，注册登记机构根据清算结果完成碳排放配额和资金的交收。

第九条 当日结算完成后，注册登记机构向交易主体发送结算数据。如遇到特殊情况导致注册登记机构不能在当日发送结算数据的，注册登记机构应及时通知相关交易主体，并采取限制出入金等风险管控措施。

第十条 交易主体应当及时核对当日结算结果，对结算结果有异议的，应在下一交易日开市前，以书面形式向注册登记机构提出。交易主体在规定时间内没有对结算结果提出异议的,视作认可结算结果。

第四章 监督与风险管理

第十一条 注册登记机构针对结算过程采取以下监督措施:

(一)专岗专人。根据结算业务流程分设专职岗位,防范结算操作风险。

(二)分级审核。结算业务采取两级审核制度,初审负责结算操作及银行间头寸划拨的准确性、真实性和完整性,复审负责结算事项的合法合规性。

(三)信息保密。注册登记机构工作人员应当对结算情况和相关信息严格保密。

第十二条 注册登记机构应当制定完善的风险防范制度,构建完善的技术系统和应急响应程序,对全国碳排放权结算业务实施风险防范和控制。

第十三条 注册登记机构建立结算风险准备金制度。结算风险准备金由注册登记机构设立,用于垫付或者弥补因违约交收、技术故障、操作失误、不可抗力等造成的损失。风险准备金应当单独核算,专户存储。

第十四条 注册登记机构应当与交易机构相互配合,建立全国碳排放权交易结算风险联防联控制度。

第十五条 当出现以下情形之一的,注册登记机构应当及时发布异常情况公告,采取紧急措施化解风险:

(一)因不可抗力、不可归责于注册登记机构的重大技术故障等原因导致结算无法正常进行；

（二）交易主体及结算银行出现结算、交收危机，对结算产生或者将产生重大影响。

第十六条 注册登记机构实行风险警示制度。注册登记机构认为有必要的，可以采取发布风险警示公告，或者采取限制账户使用等措施，以警示和化解风险，涉及交易活动的应当及时通知交易机构。

出现下列情形之一的，注册登记机构可以要求交易主体报告情况，向相关机构或者人员发出风险警示并采取限制账户使用等处置措施：

（一）交易主体碳排放配额、资金持仓量变化波动较大；

（二）交易主体的碳排放配额被法院冻结、扣划的；

（三）其他违反国家法律、行政法规和部门规章规定的情况。

第十七条 提供结算业务的银行不得参与碳排放权交易。

第十八条 交易主体发生交收违约的，注册登记机构应当通知交易主体在规定期限内补足资金，交易主体未在规定时间内补足资金的，注册登记机构应当使用结算风险准备金或自有资金予以弥补，并向违约方追偿。

第十九条 交易主体涉嫌重大违法违规，正在被司法机关、国家监察机关和生态环境部调查的，注册登记机构可以对其采取限制登记账户使用的措施，其中涉及交易活动的应当及时通知交易机构，经交易机构确认后采取相关限制措施。

第五章 附 则

第二十条 清算：是指按照确定的规则计算碳排放权和资金的应收应付数额的行为。

交收：是指根据确定的清算结果，通过变更碳排放权和资金履行相关债权债务的行为。

头寸：指的是银行当前所有可以运用的资金的总和，主要包括在中国人民银行的超额准备金、存放同业清算款项净额、银行存款以及现金等部分。

第二十一条 注册登记机构可以根据本规则制定结算业务规则等实施细则。

第二十二条 本规则自公布之日起施行。

企业温室气体排放报告核查指南（试行）

(2021年3月26日生态环境部办公厅印发
环办气候函〔2021〕130号)

目　录

1. 适用范围
2. 术语和定义
3. 核查原则和依据
4. 核查程序和要点
5. 核查复核
6. 信息公开
附件1
附件2
附件3
附件4
附件5
附件6

企业温室气体排放报告核查指南（试行）

1. 适用范围

本指南规定了重点排放单位温室气体排放报告的核查原则和依

据、核查程序和要点、核查复核以及信息公开等内容。

本指南适用于省级生态环境主管部门组织对重点排放单位报告的温室气体排放量及相关数据的核查。

对重点排放单位以外的其他企业或经济组织的温室气体排放报告核查，碳排放权交易试点的温室气体排放报告核查，基于科研等其他目的的温室气体排放报告核查工作可参考本指南执行。

2. 术语和定义

2.1 重点排放单位

全国碳排放权交易市场覆盖行业内年度温室气体排放量达到 2.6 万吨二氧化碳当量及以上的企业或者其他经济组织。

2.2 温室气体排放报告

重点排放单位根据生态环境部制定的温室气体排放核算方法与报告指南及相关技术规范编制的载明重点排放单位温室气体排放量、排放设施、排放源、核算边界、核算方法、活动数据、排放因子等信息，并附有原始记录和台账等内容的报告。

2.3 数据质量控制计划

重点排放单位为确保数据质量，对温室气体排放量和相关信息的核算与报告作出的具体安排与规划，包括重点排放单位和排放设施基本信息、核算边界、核算方法、活动数据、排放因子及其他相关信息的确定和获取方式，以及内部质量控制和质量保证相关规定等。

2.4 核查

根据行业温室气体排放核算方法与报告指南以及相关技术规

范，对重点排放单位报告的温室气体排放量和相关信息进行全面核实、查证的过程。

2.5 不符合项

核查发现的重点排放单位温室气体排放量、相关信息、数据质量控制计划、支撑材料等不符合温室气体核算方法与报告指南以及相关技术规范的情况。

3. 核查原则和依据

重点排放单位温室气体排放报告的核查应遵循客观独立、诚实守信、公平公正、专业严谨的原则，依据以下文件规定开展：

- 《碳排放权交易管理办法（试行）》；
- 生态环境部发布的工作通知；
- 生态环境部制定的温室气体排放核算方法与报告指南；
- 相关标准和技术规范。

4. 核查程序和要点

4.1 核查程序

核查程序包括核查安排、建立核查技术工作组、文件评审、建立现场核查组、实施现场核查、出具《核查结论》、告知核查结果、保存核查记录等八个步骤，核查工作流程图见附件1。

4.1.1 核查安排

省级生态环境主管部门应综合考虑核查任务、进度安排及所需资源组织开展核查工作。

通过政府购买服务的方式委托技术服务机构开展的，应要求技术服务机构建立有效的风险防范机制、完善的内部质量管理体系和适当的公正性保证措施，确保核查工作公平公正、客观独立开展。技术服务机构不应开展以下活动：

— 向重点排放单位提供碳排放配额计算、咨询或管理服务；

— 接受任何对核查活动的客观公正性产生影响的资助、合同或其他形式的服务或产品；

— 参与碳资产管理、碳交易的活动，或与从事碳咨询和交易的单位存在资产和管理方面的利益关系，如隶属于同一个上级机构等；

— 与被核查的重点排放单位存在资产和管理方面的利益关系，如隶属于同一个上级机构等；

— 为被核查的重点排放单位提供有关温室气体排放和减排、监测、测量、报告和校准的咨询服务；

— 与被核查的重点排放单位共享管理人员，或者在3年之内曾在彼此机构内相互受聘过管理人员；

— 使用具有利益冲突的核查人员，如3年之内与被核查重点排放单位存在雇佣关系或为被核查的重点排放单位提供过温室气体排放或碳交易的咨询服务等；

— 宣称或暗示如果使用指定的咨询或培训服务，对重点排放单位的排放报告的核查将更为简单、容易等。

4.1.2 建立核查技术工作组

省级生态环境主管部门应根据核查任务和进度安排，建立一个或多个核查技术工作组（以下简称技术工作组）开展如下工作：

— 实施文件评审；

— 完成《文件评审表》（见附件2），提出《现场核查清单》

（见附件3）的现场核查要求；

— 提出《不符合项清单》（见附件4），交给重点排放单位整改，验证整改是否完成；

— 出具《核查结论》；

— 对未提交排放报告的重点排放单位，按照保守性原则对其排放量及相关数据进行测算。

技术工作组的工作可由省级生态环境主管部门及其直属机构承担，也可通过政府购买服务的方式委托技术服务机构承担。

技术工作组至少由2名成员组成，其中1名为负责人，至少1名成员具备被核查的重点排放单位所在行业的专业知识和工作经验。技术工作组负责人应充分考虑重点排放单位所在的行业领域、工艺流程、设施数量、规模与场所、排放特点、核查人员的专业背景和实践经验等方面的因素，确定成员的任务分工。

4.1.3 文件评审

技术工作组应根据相应行业的温室气体排放核算方法与报告指南（以下简称核算指南）、相关技术规范，对重点排放单位提交的排放报告及数据质量控制计划等支撑材料进行文件评审，初步确认重点排放单位的温室气体排放量和相关信息的符合情况，识别现场核查重点，提出现场核查时间、需访问的人员、需观察的设施、设备或操作以及需查阅的支撑文件等现场核查要求，并按附件2和附件3的格式分别填写完成《文件评审表》和《现场核查清单》提交省级生态环境主管部门。

技术工作组可根据核查工作需要，调阅重点排放单位提交的相关支撑材料如组织机构图、厂区分布图、工艺流程图、设施台账、生产日志、监测设备和计量器具台账、支撑报送数据的原始凭证，以及数据内部质量控制和质量保证相关文件和记录等。

技术工作组应将重点排放单位存在的如下情况作为文件评审重点：

— 投诉举报企业温室气体排放量和相关信息存在的问题；

— 日常数据监测发现企业温室气体排放量和相关信息存在的异常情况；

— 上级生态环境主管部门转办交办的其他有关温室气体排放的事项。

4.1.4 建立现场核查组

省级生态环境主管部门应根据核查任务和进度安排，建立一个或多个现场核查组开展如下工作：

— 根据《现场核查清单》，对重点排放单位实施现场核查，收集相关证据和支撑材料；

— 详细填写《现场核查清单》的核查记录并报送技术工作组。

现场核查组的工作可由省级生态环境主管部门及其直属机构承担，也可通过政府购买服务的方式委托技术服务机构承担。

现场核查组应至少由 2 人组成。为了确保核查工作的连续性，现场核查组成员原则上应为核查技术工作组的成员。对于核查人员调配存在困难等情况，现场核查组的成员可以与核查技术工作组成员不同。

对于核查年度之前连续 2 年未发现任何不符合项的重点排放单位，且当年文件评审中未发现存在疑问的信息或需要现场重点关注的内容，经省级生态环境主管部门同意后，可不实施现场核查。

4.1.5 实施现场核查

现场核查的目的是根据《现场核查清单》收集相关证据和支撑材料。

4.1.5.1 核查准备

现场核查组应按照《现场核查清单》做好准备工作，明确核查任务重点、组内人员分工、核查范围和路线，准备核查所需要的装备，如现场核查清单、记录本、交通工具、通信器材、录音录像器材、现场采样器材等。

现场核查组应于现场核查前2个工作日通知重点排放单位做好准备。

4.1.5.2 现场核查

现场核查组可采用以下查、问、看、验等方法开展工作。

- 查：查阅相关文件和信息，包括原始凭证、台账、报表、图纸、会计账册、专业技术资料、科技文献等；保存证据时可保存文件和信息的原件，如保存原件有困难，可保存复印件、扫描件、打印件、照片或视频录像等，必要时，可附文字说明；

- 问：询问现场工作人员，应多采用开放式提问，获取更多关于核算边界、排放源、数据监测以及核算过程等信息；

- 看：查看现场排放设施和监测设备的运行，包括现场观察核算边界、排放设施的位置和数量、排放源的种类以及监测设备的安装、校准和维护情况等；

- 验：通过重复计算验证计算结果的准确性，或通过抽取样本、重复测试确认测试结果的准确性等。

现场核查组应验证现场收集的证据的真实性，确保其能够满足核查的需要。现场核查组应在现场核查工作结束后 2 个工作日内，向技术工作组提交填写完成的《现场核查清单》。

4.1.5.3　不符合项

技术工作组应在收到《现场核查清单》后 2 个工作日内，对《现场核查清单》中未取得有效证据、不符合核算指南要求以及未按数据质量控制计划执行等情况，在《不符合项清单》（见附件 4）中"不符合项描述"一栏如实记录，并要求重点排放单位采取整改措施。

重点排放单位应在收到《不符合项清单》后的 5 个工作日内，填写完成《不符合项清单》中"整改措施及相关证据"一栏，连同相关证据材料一并提交技术工作组。技术工作组应对不符合项的整改进行书面验证，必要时可采取现场验证的方式。

4.1.6　出具《核查结论》

技术工作组应根据如下要求出具《核查结论》（见附件 5）并提交省级生态环境主管部门。

- 对于未提出不符合项的，技术工作组应在现场核查结束后 5 个工作日内填写完成《核查结论》；

- 对于提出不符合项的，技术工作组应在收到重点排放单位提交的《不符合项清单》"整改措施及相关证据"一栏内容后的 5 个工作日内填写完成《核查结论》。如果重点排放单位未在规定时间内完成对不符合项的整改，或整改措施不符合要求，技术工作组应根据核算指南与生态环境部公布的缺省值，按照保守原则测算排放量及相关数据，并填写完成《核查结论》。

- 对于经省级生态环境主管部门同意不实施现场核查的，技术工作组应在省级生态环境主管部门作出不实施现场核查决定后5个工作日内，填写完成《核查结论》。

4.1.7 告知核查结果

省级生态环境主管部门应将《核查结论》告知重点排放单位。

如省级生态环境主管部门认为有必要进一步提高数据质量，可在告知核查结果之前，采用复查的方式对核查过程和核查结论进行书面或现场评审。

4.1.8 保存核查记录

省级生态环境主管部门应以安全和保密的方式保管核查的全部书面（含电子）文件至少5年。

技术服务机构应将核查过程的所有记录、支撑材料、内部技术评审记录等进行归档保存至少10年。

4.2 核查要点

4.2.1 文件评审要点

4.2.1.1 重点排放单位基本情况

技术工作组应通过查阅重点排放单位的营业执照、组织机构代码证、机构简介、组织结构图、工艺流程说明、排污许可证、能源统计报表、原始凭证等文件的方式确认以下信息的真实性、准确性以及与数据质量控制计划的符合性：

－重点排放单位名称、单位性质、所属国民经济行业类别、统一社会信用代码、法定代表人、地理位置、排放报告联系人、排污许可证编号等基本信息；

－重点排放单位内部组织结构、主要产品或服务、生产工艺流程、使用的能源品种及年度能源统计报告等情况。

4.2.1.2 核算边界

技术工作组应查阅组织机构图、厂区平面图、标记排放源输入与输出的工艺流程图及工艺流程描述、固定资产管理台账、主要用能设备清单并查阅可行性研究报告及批复、相关环境影响评价报告及批复、排污许可证、承包合同、租赁协议等，确认以下信息的符合性：

- 核算边界是否与相应行业的核算指南以及数据质量控制计划一致；
- 纳入核算和报告边界的排放设施和排放源是否完整；
- 与上一年度相比，核算边界是否存在变更等。

4.2.1.3 核算方法

技术工作组应确认重点排放单位在报告中使用的核算方法是否符合相应行业的核算指南的要求，对任何偏离指南的核算方法都应判断其合理性，并在《文件评审表》和《核查结论》中说明。

4.2.1.4 核算数据

技术工作组应重点查证核实以下四类数据的真实性、准确性和可靠性。

4.2.1.4.1 活动数据

技术工作组应依据核算指南，对重点排放单位排放报告中的每一个活动数据的来源及数值进行核查。核查的内容应包括活动数据的单位、数据来源、监测方法、监测频次、记录频次、数据缺失处理等。对支撑数据样本较多需采用抽样方法进行验证的，应考虑抽样方法、抽样数量以及样本的代表性。

如果活动数据的获取使用了监测设备，技术工作组应确认监测设备是否得到了维护和校准，维护和校准是否符合核算指南和数据质量控制计划的要求。技术工作组应确认因设备校准延迟而导致的误差是否根据设备的精度或不确定度进行了处理，以及处理的方式是否会低估排放量或过量发放配额。

针对核算指南中规定的可以自行检测或委托外部实验室检测的关键参数，技术工作组应确认重点排放单位是否具备测试条件，是否依据核算指南建立内部质量保证体系并按规定留存样品。如果不具备自行测试条件，委托的外部实验室是否有计量认证（CMA）资质认定或中国合格评定国家认可委员会（CNAS）的认可。

技术工作组应将每一个活动数据与其他数据来源进行交叉核对，其他数据来源可包括燃料购买合同、能源台账、月度生产报表、购售电发票、供热协议及报告、化学分析报告、能源审计报告等。

4.2.1.4.2 排放因子

技术工作组应依据核算指南和数据质量控制计划对重点排放单位排放报告中的每一个排放因子的来源及数值进行核查。

对采用缺省值的排放因子，技术工作组应确认与核算指南中的缺省值一致。

对采用实测方法获取的排放因子，技术工作组至少应对排放因子的单位、数据来源、监测方法、监测频次、记录频次、数据缺失处理（如适用）等内容进行核查，对支撑数据样本较多需采用抽样进行验证的，应考虑抽样方法、抽样数量以及样本的代表性。对于通过监测设备获取的排放因子数据，以及按照核算指南由重点排放单位自行检测或委托外部实验室检测的关键参数，技术工作组应采取与活动数据同样的核查方法。在核查过程中,技术工作组应将每一个排放因子数据与其他数据来源进行交叉核对,其他的数据来源可包括化学分析报告、政府间气候变化专门委员会(IPCC)缺省值、省级温室气体清单编制指南中的缺省值等。

4.2.1.4.3　排放量

技术工作组应对排放报告中排放量的核算结果进行核查,通过验证排放量计算公式是否正确、排放量的累加是否正确、排放量的计算是否可再现等方式确认排放量的计算结果是否正确。通过对比以前年份的排放报告,通过分析生产数据和排放数据的变化和波动情况确认排放量是否合理等。

4.2.1.4.4　生产数据

技术工作组依据核算指南和数据质量控制计划对每一个生产数据进行核查,并与数据质量控制计划规定之外的数据源进行交叉验证。核查内容应包括数据的单位、数据来源、监测方法、监测频次、记录频次、数据缺失处理等。对生产数据样本较多需采用抽样方法进行验证的,应考虑抽样方法、抽样数量以及样本的代表性。

4.2.1.5　质量保证和文件存档

技术工作组应对重点排放单位的质量保障和文件存档执行情况进行核查:

－是否建立了温室气体排放核算和报告的规章制度,包括负责机构和人员、工作流程和内容、工作周期和时间节点等;是否指定了专职人员负责温室气体排放核算和报告工作;

－是否定期对计量器具、监测设备进行维护管理;维护管理记录是否已存档;

——是否建立健全温室气体数据记录管理体系，包括数据来源、数据获取时间以及相关责任人等信息的记录管理；是否形成碳排放数据管理台账记录并定期报告，确保排放数据可追溯；

——是否建立温室气体排放报告内部审核制度，定期对温室气体排放数据进行交叉校验，对可能产生的数据误差风险进行识别，并提出相应的解决方案。

4.2.1.6 数据质量控制计划及执行

4.2.1.6.1 数据质量控制计划

技术工作组应从以下几个方面确认数据质量控制计划是否符合核算指南的要求：

a) 版本及修订

技术工作组应确认数据质量控制计划的版本和发布时间与实际情况是否一致。如有修订，应确认修订满足下述情况之一或相关核算指南规定。

——因排放设施发生变化或使用新燃料、物料产生了新排放；

——采用新的测量仪器和测量方法，提高了数据的准确度；

——发现按照原数据质量控制计划的监测方法核算的数据不正确；

——发现修订数据质量控制计划可提高报告数据的准确度；

——发现数据质量控制计划不符合核算指南要求。

b) 重点排放单位情况

技术工作组可通过查阅其他平台或相关文件中的信息源（如国家企业信用信息公示系统、能源审计报告、可行性研究报告、环境影响评价报告、环境管理体系评估报告、年度能源和水统计报表、年度工业统计报表以及年度财务审计报告）等方式确认数据质量控制计划中重点排放单位的基本信息、主营产品、生产设施信息、组织机构图、厂区平面分布图、工艺流程图等相关信息的真实性和完整性。

c) 核算边界和主要排放设施描述

技术工作组可采用查阅对比文件（如企业设备台账）等方式确认排放设施的真实性、完整性以及核算边界是否符合相关要求。

d) 数据的确定方式

技术工作组应对核算所需要的各项活动数据、排放因子和生产数据的计算方法、单位、数据获取方式、相关监测测量设备信息、数据缺失时的处理方式等内容进行核查，并确认：

－是否对参与核算所需要的各项数据都确定了获取方式，各项数据的单位是否符合核算指南要求；

－各项数据的计算方法和获取方式是否合理且符合核算指南的要求；

－数据获取过程中涉及的测量设备的型号、位置是否属实；

－监测活动涉及的监测方法、监测频次、监测设备的精度和校准频次等是否符合核算指南及相应的监测标准的要求；

－数据缺失时的处理方式是否按照保守性原则确保不会低估排放量或过量发放配额。

e) 数据内部质量控制和质量保证相关规定

技术工作组应通过查阅支持材料和如下管理制度文件，对重点排放单位内部质量控制和质量保证相关规定进行核查，确认相关制度安排合理、可操作并符合核算指南要求。

— 数据内部质量控制和质量保证相关规定；

— 数据质量控制计划的制订、修订、内部审批以及数据质量控制计划执行等方面的管理规定；

— 人员的指定情况，内部评估以及审批规定；

— 数据文件的归档管理规定等。

4.2.1.6.2 数据质量控制计划执行

技术工作组应结合上述 4.2.1.1-4.2.1.5 的核查，从以下方面核查数据质量控制计划的执行情况。

— 重点排放单位基本情况是否与数据质量控制计划中的报告主体描述一致；

— 年度报告的核算边界和主要排放设施是否与数据质量控制计划中的核算边界和主要排放设施一致；

— 所有活动数据、排放因子及相关数据是否按照数据质量控制计划实施监测；

— 监测设备是否得到了有效的维护和校准，维护和校准是否符合国家、地区计量法规或标准的要求，是否符合数据质量控制计划、核算指南或设备制造商的要求；

— 监测结果是否按照数据质量控制计划中规定的频次记录；

— 数据缺失时的处理方式是否与数据质量控制计划一致；

— 数据内部质量控制和质量保证程序是否有效实施。

对不符合核算指南要求的数据质量控制计划，应开具不符合项要求重点排放单位进行整改。

对于未按数据质量控制计划获取的活动数据、排放因子、生产数据，技术工作组应结合现场核查组的现场核查情况开具不符合项，要求重点排放单位按照保守性原则测算数据，确保不会低估排放量或过量发放配额。

4.2.1.7 其他内容

除上述内容外，技术工作组在文件评审中还应重点关注如下内容：

— 投诉举报企业温室气体排放量和相关信息存在的问题；

— 各级生态环境主管部门转办交办的事项；

— 日常数据监测发现企业温室气体排放量和相关信息存在异常的情况；

— 排放报告和数据质量控制计划中出现错误风险较高的数据以及重点排放单位是如何控制这些风险的；

— 重点排放单位以往年份不符合项的整改完成情况，以及是否得到持续有效管理等。

4.2.2 现场核查要点

现场核查组应按《现场核查清单》开展核查工作，并重点关注如下内容：

— 投诉举报企业温室气体排放量和相关信息存在的问题；

— 各级生态环境主管部门转办交办的事项；

— 日常数据监测发现企业温室气体排放量和相关信息存在异常的情况；

— 重点排放单位基本情况与数据质量控制计划或其他信息源不一致的情况；

— 核算边界与核算指南不符，或与数据质量控制计划不一致的情况；

— 排放报告中采用的核算方法与核算指南不一致的情况；

— 活动数据、排放因子、排放量、生产数据等不完整、不合理或不符合数据质量控制计划的情况；

— 重点排放单位是否有效地实施了内部数据质量控制措施的情况；

— 重点排放单位是否有效地执行了数据质量控制计划的情况；

— 数据质量控制计划中报告主体基本情况、核算边界和主要排放设施、数据的确定方式、数据内部质量控制和质量保证相关规定等与实际情况的一致性；

— 确认数据质量控制计划修订的原因，比如排放设施发生变化、使用新燃料或物料、采用新的测量仪器和测量方法等情况。

现场核查组应按《现场核查清单》收集客观证据，详细填写核查记录，并将证据文件一并提交技术工作组。相关证据材料应能证实所需要核实、确认的信息符合要求。

5. 核查复核

重点排放单位对核查结果有异议的，可在被告知核查结论之日起7个工作日内，向省级生态环境主管部门申请复核。复核结论应在接到复核申请之日起10个工作日内作出。

6. 信息公开

核查工作结束后，省级生态环境主管部门应将所有重点排放单位的《核查结论》在官方网站向社会公开，并报生态环境部汇总。如有核查复核的，应公开复核结论。

核查工作结束后，省级生态环境主管部门应对技术服务机构提供的核查服务按附件6《技术服务机构信息公开表》的格式进行评价，在官方网站向社会公开《技术服务机构信息公开表》。评价过程应结合技术服务机构与省级生态环境主管部门的日常沟通、技术评审、复查以及核查复核等环节开展。

省级生态环境主管部门应加强信息公开管理，发现有违法违规行为的，应当依法予以公开。

附件 1

检查工作流程图

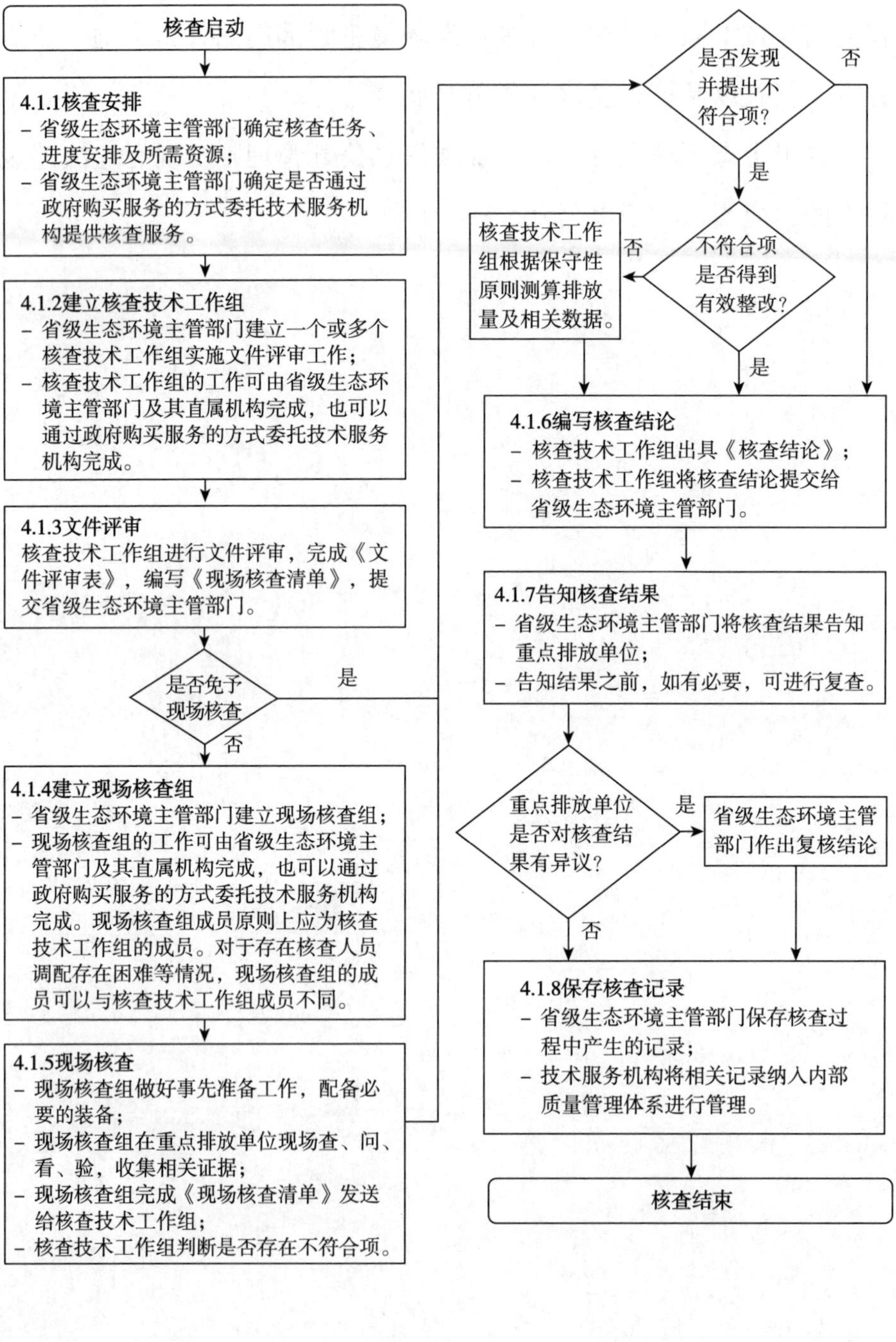

```
核查启动
    ↓
4.1.1 核查安排
- 省级生态环境主管部门确定核查任务、进度安排及所需资源；
- 省级生态环境主管部门确定是否通过政府购买服务的方式委托技术服务机构提供核查服务。
    ↓
4.1.2 建立核查技术工作组
- 省级生态环境主管部门建立一个或多个核查技术工作组实施文件评审工作；
- 核查技术工作组的工作可由省级生态环境主管部门及其直属机构完成，也可以通过政府购买服务的方式委托技术服务机构完成。
    ↓
4.1.3 文件评审
核查技术工作组进行文件评审，完成《文件评审表》，编写《现场核查清单》，提交省级生态环境主管部门。
    ↓
<是否免予现场核查> —是→ (跳至 4.1.6)
    ↓否
4.1.4 建立现场核查组
- 省级生态环境主管部门建立现场核查组；
- 现场核查组的工作可由省级生态环境主管部门及其直属机构完成，也可以通过政府购买服务的方式委托技术服务机构完成。现场核查组成员原则上应为核查技术工作组的成员。对于存在核查人员调配存在困难等情况，现场核查组的成员可以与核查技术工作组成员不同。
    ↓
4.1.5 现场核查
- 现场核查组做好事先准备工作，配备必要的装备；
- 现场核查组在重点排放单位现场查、问、看、验，收集相关证据；
- 现场核查组完成《现场核查清单》发送给核查技术工作组；
- 核查技术工作组判断是否存在不符合项。
```

```
<是否发现并提出不符合项？>
  否→ (跳至 4.1.6)
  是↓
<不符合项是否得到有效整改？>
  否→ (返回)
  是↓
4.1.6 编写核查结论
- 核查技术工作组出具《核查结论》；
- 核查技术工作组将核查结论提交给省级生态环境主管部门。
    ↓
4.1.7 告知核查结果
- 省级生态环境主管部门将核查结果告知重点排放单位；
- 告知结果之前，如有必要，可进行复查。
    ↓
<重点排放单位是否对核查结果有异议？>
  是→ 省级生态环境主管部门作出复核结论
  否↓
4.1.8 保存核查记录
- 省级生态环境主管部门保存核查过程中产生的记录；
- 技术服务机构将相关记录纳入内部质量管理体系进行管理。
    ↓
核查结束
```

附件 2

文件评审表

重点排放单位名称			
重点排放单位地址			
统一社会信用代码		法定代表人	
联系人		联系方式（座机、手机和电子邮箱）	
核算和报告依据			
核查技术工作组成员			
文件评审日期			
现场核查日期			
核查内容	文件评审记录 （将评审过程中的核查发现、符合情况以及交叉核对等内容详细记录）		存在疑问的信息或需要现场重点关注的内容
1. 重点排放单位基本情况			
2. 核算边界			
3. 核算方法			
4. 核算数据			
1）活动数据			
－ 活动数据 1			
－ 活动数据 2			
……			
2）排放因子			
－ 排放因子 1			
－ 排放因子 2			

续表

核查内容	文件评审记录 (将评审过程中的核查发现、符合情况以及交叉核对等内容详细记录)	存在疑问的信息或需要现场重点关注的内容
……		
3)排放量		
4)生产数据		
— 生产数据1		
— 生产数据2		
……		
5. 质量控制和文件存档		
6. 数据质量控制计划及执行		
1)数据质量控制计划		
2)数据质量控制计划的执行		
7. 其他内容		
核查技术工作组负责人(签名、日期):		

附件 3

现场核查清单

重点排放单位名称			
重点排放单位地址			
统一社会信用代码		法定代表人	
联系人		联系方式（座机、手机和电子邮箱）	
现场核查要求		现场核查记录	
1.			
2.			
3.			
4.			
……			
		现场发现的其他问题：	
核查技术工作组负责人（签名、日期）：		现场核查人员（签名、日期）：	

附件 4

不符合项清单

重点排放单位名称			
重点排放单位地址			
统一社会信用代码		法定代表人	
联系人		联系方式（座机、手机和电子邮箱）	
不符合项描述	整改措施及相关证据		整改措施是否符合要求
1.			
2.			
3.			
4.			
……			
核查技术工作组负责人（签名、日期）：	重点排放单位整改负责人（签名、日期）：		核查技术工作负责人（签名、日期）：

注：请于　　年　月　日前完成整改措施，并提交相关证据。如未在上述日期前完成整改，主管部门将根据相关保守性原则测算温室气体排放量等相关数据，用于履约清缴等工作。

附件 5

核查结论

一、重点排放单位基本信息			
重点排放单位名称			
重点排放单位地址			
统一社会信用代码		法定代表人	
二、文件评审和现场核查过程			
核查技术工作组承担单位		核查技术工作组成员	
文件评审日期			
现场核查工作组承担单位		现场核查工作组成员	
现场核查日期			
是否不予实施现场核查？	□是□否，如是，简要说明原因。		
三、核查发现 (在相应空格中打√)			

核查内容	符合要求	不符合项已整改且满足要求	不符合项整改但不满足要求	不符合项未整改
1. 重点排放单位基本情况				
2. 核算边界				
3. 核算方法				
4. 核算数据				
5. 质量控制和文件存档				
6. 数据质量控制计划及执行				
7. 其他内容				

续表

四、核查确认	
（一）初次提交排放报告的数据	
温室气体排放报告（初次提交）日期	
初次提交报告中的排放量（tCO_2e）	
初次提交报告中与配额分配相关的生产数据	
（二）最终提交排放报告的数据	
温室气体排放报告（最终）日期	
经核查后的排放量（tCO_2e）	
经核查后与配额分配相关的生产数据	
（三）其他需要说明的问题	
最终排放量的认定是否涉及核查技术工作组的测算？	□是 □否，如是，简要说明原因、过程、依据和认定结果：
最终与配额分配相关的生产数据的认定是否涉及核查技术工作组的测算？	□是 □否，如是，简要说明原因、过程、依据和认定结果：
其他需要说明的情况	
核查技术工作负责人（签字、日期）：	
技术服务机构盖章（如购买技术服务机构的核查服务）	

附件 6

技术服务机构信息公开表

(　　年度核查)

一、技术服务机构基本信息			
技术服务机构名称			
统一社会信用代码		法定代表人	
注册资金		办公场所	
联系人		联系方式(电话、email)	
二、技术服务机构内部管理情况			
内部质量管理措施			
公正性管理措施			
不良记录			
三、核查工作及时性和工作质量			

序号	重点排放单位名称	统一社会信用代码/组织机构代码	核查及时性(填写及时或不及时)	核查质量 (如符合要求填写符合,如不符合要求,简述不符合的具体内容)						
				1重点排放单位基本情况	2核算边界	3核算方法	4核算数据	5质量控制和文件存档	6数据质量控制计划及执行	7其他内容
1										
2										
3										
…										

续表

共出具　份《核查结论》。其中：　份合格，　份不合格，合格率　%。 《核查结论》不合格情况如下： －　重点排放单位基本情况核查存在不合格的　份； －　核算边界的核查存在不合格的　份； －　核算方法的核查存在不合格的　份； －　核算数据的核查存在不合格的　份； －　质量控制和文件存档的核查存在不合格的　份； －　数据质量控制计划及执行的核查存在不合格的　份； －　其他内容的核查存在不合格的　份。

附：

1. 技术服务机构内部质量管理相关文件

2. 技术服务机构《年度公正性自查报告》

企业温室气体排放核查技术指南
发电设施

(2022年12月19日生态环境部办公厅公布

环办气候函〔2022〕485号)

目　　录

1. 适用范围
2. 核查原则和依据
3. 核查内容和要点

　3.1　重点排放单位基本情况的核查

　3.2　核算边界的核查

　3.3　核算方法的核查

　3.4　核算数据的核查

　3.5　质量保证和文件存档的核查

　3.6　数据质量控制计划及执行的核查

　3.7　其他内容

附录　核查报告模板

1. 适用范围

本文件适用于省级生态环境主管部门组织的对全国碳排放权交

易市场（以下简称全国碳市场）2023年度及其之后的发电行业重点排放单位发电设施温室气体排放报告的核查。本文件对核查的原则、依据、内容与要点等方面进行了规定。

对2022年度及其之前的发电设施温室气体排放报告、发电行业未纳入全国碳市场的其他发电设施排放报告的核查，以及基于科研等其他目的的核查，可参考本文件执行。

2. 核查原则和依据

发电行业重点排放单位发电设施温室气体排放报告的核查在原则、工作程序等方面应符合生态环境部制定的相关规定，在内容和要点等方面应依据《企业温室气体排放核算与报告指南 发电设施》（以下简称核算指南），并按本指南实施。主要参考的文件如下：

- 《碳排放权交易管理办法（试行）》；
- 《企业温室气体排放报告核查指南（试行）》；
- 生态环境部发布的相关工作通知；
- 生态环境部制定的其他温室气体排放核算报告核查相关技术规范。

3. 核查内容和要点

核查组应按本指南3.1~3.7章节的相关要求对重点排放单位排放报告中的相关信息和数据开展核查。其中，标注星号*的内容原则上为必须核查的内容，在具体核查过程中，核查组可结合自身经验，并根据重点排放单位的实际情况判断，确定查、问、看、验的具体内容以及详细程度。无论核查的内容和详细程度如何确定，都应确保核查报告的真实性、完整性、准确性和可靠性。

核查组应现场查阅重点排放单位提供证据的原件，对证据载明信息以及证据之间逻辑关系的合理性进行审核，从而对排放报告中信息和数据的完整性、准确性和符合性进行判断。核查组应对核查过程中发现的任何与核算指南或质量控制计划不符合的情形开具不符合项，并要求重点排放单位补正。

排放报告中的辅助参数报告项（附表C.7）不纳入核查范围，如日常监管中发现附表C.7中的参数存在异常情况，核查组应在核查过程中对排放报告中的附表C.1~C.6中的关联信息和数据重点关注。

3.1 重点排放单位基本情况的核查

核查组应确认重点排放单位填写的排放报告中重点排放单位基本信息（附表C.1）的完整性、准确性以及与数据质量控制计划的符合性。

表1 重点排放单位基本信息的核查

内　　容	核查要点及方法
重点排放单位名称	－ 查阅营业执照；*
统一社会信用代码	－ 与信息平台中的信息对比；* － 与地方生态环境部门年度核查企业名单对比；* － 查阅电力业务许可证（适用于并网运行的电厂，下同）。
单位性质（营业执照）	－ 查阅营业执照；* － 查阅排污许可证（注：如营业执照和排污许可证上的地址不一致，以营业执照为准）；* － 查阅电力业务许可证。
法人代表姓名	
注册日期	
注册资本	
注册地址	

续表

内　　容	核查要点及方法
生产经营场所地址 发电设施经纬度	－　查阅厂区平面图；* －　通过电子地图等应用软件现场确认地理位置；* －　查阅电力业务许可证。
报告联系人、联系电话、电子邮箱	－　与联系人现场交流。*
行业分类 纳入全国碳市场的行业子类	－　根据国民经济行业分类标准判断填写是否准确；* －　确认自备电厂发电设施的行业分类填写是否准确。*
生产经营变化情况	1. 通过与重点排放单位管理人员和排放报告联系人交流，查阅合并、分立、关停或迁出核定文件，以及现场观察发电设施（包括燃烧系统、汽水系统、电气系统、控制系统以及除尘脱硫脱硝装置等）等方式确认： －　重点排放单位在核算年度是否存在合并、分立、关停和搬迁的情况；* －　发电设施地理边界较上一年度是否存在变化；* －　既有发电设施在核算年度是否存在关停的情况；* －　确认核算年度较上一年度是否有新增机组；* 2. 与信息平台中的信息对比，确认发电设施信息的一致性。* 3. 查阅机构简介、组织结构图、厂区平面图、电力业务许可证、发电设施清单、项目批复、环评批复等文件。
本年度编制温室气体排放报告的技术服务机构名称*2	查阅服务协议及网站。*
编制温室气体排放报告的技术服务机构统一社会信用代码	查阅服务协议及网站。*
本年度提供煤质分析报告的检验检测机构名称及统一社会信用代码	查阅服务协议及网站。*

续表

注意事项：
- 核查时应注意对照查阅数据质量控制计划中的重点排放单位情况以及发电工艺流程图。 - 有碳排放且符合纳入标准的发电设施均应纳入碳排放核算边界。对存在违反国家和所在省（区、市）有关规定建设的、根据国家和所在省（区、市）有关文件要求应关未关的、无排污许可证的发电设施，应向省级生态环境主管部门报告。 - 纯供热锅炉不纳入核算边界。 - 发电设施经纬度为机组所在地点的经纬度。

3.2 核算边界的核查

核查组应确认重点排放单位排放报告中机组及生产设施信息（附表C.2）的完整性、准确性，核实其与数据质量控制计划、现场确认机组信息的一致性，确认机组信息的变更情况。机组及生产设施信息的核查详见表2~表6。

表2 燃料类型、燃料名称的核查

核查方法	查	1. 查阅核算指南要求的证据，包括机组运行规程和铭牌信息，确认燃料的类型和名称填写是否准确。* 2. 查阅其他来源的证据，进行交叉核对： - 燃料购入合同或台账；* - 入厂和入炉燃料化验记录。* - 运行生产日报表、财务报表等。
核查方法	问	- 询问采购部门购入燃料的类型； - 询问经营管理部门入仓燃料类型； - 询问锅炉运行部门入炉燃料的类型、是否存在混煤、掺烧等情况。
	看	/
	验	/

		续表
注意事项		- 如存在多种类型燃料，应在核查发现中描述具体燃料类型和名称，其中燃煤的名称应具体到煤种，如烟煤、无烟煤、褐煤； - 煤的种类判别依据，可参考《中国煤炭分类》（GB/T 5751）。干燥无灰基挥发分小于等于10%的为无烟煤；干燥无灰基挥发分大于37%且透光率小于等于50%，恒湿无灰基高位发热量小于等于24MJ/kg的为褐煤；干燥无灰基挥发分大于10%小于等于37%，或干燥无灰基挥发分大于37%但透光率大于50%的为烟煤； - 对存在掺烧的机组，要确认填写的燃料类型是否有疏漏，并特别关注生物质燃料的热量占比。

表3　机组类别、装机容量的核查

核查方法	查	1. 查阅核算指南要求的证据，包括排污许可证载明信息、机组运行规程、铭牌，确认机组的类别填写是否准确；* 2. 查阅其他来源的证据，进行交叉核对： - 电力业务许可证或地方能源主管部门出具的有关机组装机容量的批复文件。
	问	询问调度部门、设备管理部门，确认机组类别和装机容量。
	看	现场观察发电设施，包括锅炉、汽轮机和发电机的铭牌等。
	验	/
合理取值范围或经验数值		1. 燃煤机组类别的判断（仅供参考，不作为最终结果判定依据）： - 通过生产报表的信息，确认输出的能源产品，结合主管机构的核准文件或备案文件，判断是纯凝机组还是热电联产机组； - 循环流化床锅炉具备燃料适应性强（可燃用低热值、低挥发分、高灰分的劣质燃料）、无煤粉制备系统（只需煤的破碎）、炉内脱硫等特点； - 电厂燃用的煤矸石（石煤、油母页岩）低位发热量约为4500~12550kJ/kg；煤泥低位发热量约为8360~16720kJ/kg；煤泥的水分约25~70%。 2. 燃气机组类别判断（仅供参考，不作为最终结果判定依据）：主要以燃机透平进口温度、燃机功率来划分各燃机制造商的燃气轮机等级。B级燃机透平进口温度约为1000摄氏度左右，燃机

续表

	功率小于100MW；E级燃机透平进口温度约为1200摄氏度左右，燃机功率约为100~200MW；F级燃机透平进口温度约为1300~1400摄氏度左右，燃机功率约为200~350MW，H级燃机透平进口温度在1400摄氏度以上，燃机功率约为350~600MW；分布式机组通常为冷、热、电三联供机组，用于区域（工业园区等）、建筑群或独立楼宇。
注意事项	- 对于多台机组拆分与合并填报的情况，应核实是否与数据质量控制计划一致； - 燃煤机组即使登记为纯凝发电机组，如果存在供热，包括少量供热，也应按热电联产机组处理； - 每台燃煤机组需填写是常规燃煤机组还是非常规燃煤机组，同时需注明是否属于循环流化床机组、整体煤气化联合循环发电（IGCC）机组； - 如依据排污许可证载明信息、机组运行规程、铭牌无法判断为非常规燃煤机组，可查阅项目批复进行验证； - 掺烧生物质的机组要报告生物质种类、锅炉产热量、锅炉效率、生物质热量占比等信息； - 根据核算指南，机组容量以发电机容量（额定功率）为准。如发电机的装机容量和排污许可证载明信息不一致，应当识别原因，如存在排污许可证信息有误或更新不及时的，应填写实际信息，同时要求重点排放单位及时更新排污许可证； - 如因技改等原因扩大了发电机容量，但未经主管部门批复或许可，应要求重点排放单位的装机容量按原批复或许可的容量填写，同时需在核查结论"核查过程中未覆盖的问题或者特别需要说明的问题描述"部分予以说明，并报告省级生态环境主管部门； - 300MW等级以上常规燃煤机组的判定标准：以烟煤、褐煤、无烟煤等常规电煤为主体燃料且额定功率不低于400MW的发电机组； - 300MW等级及以下常规燃煤机组的判定标准：以烟煤、褐煤、无烟煤等常规电煤为主体燃料且额定功率低于400MW的发电机组。如果存在跨类型合并填报的情况，要按照保守性原则判定机组类别。 - 非常规燃煤机组指的是燃煤矸石、煤泥、水煤浆等非常规燃煤，且完整履约年度内非常规燃煤热量年均占比超过50%的机组（含燃煤循环流化床机组）。

表 4　燃煤机组-锅炉的核查

核查方法	查	1. 查阅核算指南要求的证据，包括排污许可证载明信息，确认锅炉名称、类型、编号、型号、生产能力。* 2. 查阅机组运行规程进行交叉核对。
	问	询问生产、设备部门，确认锅炉信息。
	看	观察锅炉本体和铭牌。
	验	/
合理取值范围或经验数值		
注意事项		– 核查组应理解锅炉型号中字母和数字的含义； – 锅炉及发电系统的编号统一采用排污许可证中对应编码；若机组无排污许可证，应要求重点排放单位根据《排污单位编码规则》进行编号。

表 5　燃煤机组-汽轮机、发电机的核查

核查方法	查	1. 查阅核算指南要求的证据，包括排污许可证载明信息、机组运行规程，机组铭牌，确认汽轮机的名称、类型、编号、型号、压力参数、额定功率、排汽冷却方式和发电机的名称、编号、型号和额定功率。* 2. 其次查阅以下证据，确认汽轮机和发电机信息是否准确： – 电力业务许可证； – 设备采购合同或技术说明书中的汽轮机和发电机等设备信息。
	问	询问生产部、设备部汽轮机、发电机的基本信息。
核查方法	看	– 观察汽轮机和发电机铭牌； – 观察汽轮机凝汽器和厂区内的冷却设施（如冷却塔和空冷塔等），确认排汽冷却方式。
	验	/
合理取值范围或经验数值		– 关于汽轮机压力参数：汽轮机压力参数一般指：中压：≤4.9MPa，典型压力 3.83MPa；高压：7.84~10.8MPa，典型压力 9.81MPa；超高压：11.8~14.7MPa，典型压力 13.7MPa；亚临界：15.7~19.6MPa，典型压力 16.7MPa；超临界：25~27MPa；超超临界：27MPa；

续表

	— 关于汽轮机排汽冷却方式，通常为水冷与空冷。水冷分为"开式"和"闭式"。循环冷却水从江、河、湖、海等自然水体取水用于冷却后，再排放到自然水体中，称为"开式"。使用过的冷却水经过冷却塔降温后再反复使用，称为"闭式"。空冷分为直接空冷和间接空冷。直接空冷是指汽轮机的排汽直接用空气来冷凝，乏汽在空冷凝汽器（空冷岛）中依靠轴流风机进行表面换热冷却，凝结成水后，回到热井（或凝结水箱），继而进入热力系统。间接空冷根据冷却原理不同可分为汽轮机做完功的乏汽与冷却水混合换热的间接空冷系统、汽轮机做完功的乏汽与冷却水表面换热的间接空冷系统以及采用冷却剂的间接空冷系统。
注意事项	— 核查组应理解汽轮机和发电机型号中字母和数字的含义； — 汽轮机类型根据热力特性一般分为凝汽式、背压式、抽汽式等，凝气式汽轮机的排汽压力低于大气压，背压式汽轮机的排汽压力高于大气压。注意重点排放单位填写的类型与型号中字母所示类型是否一致； — 冷却方式指的是汽轮机排汽冷却方式，即凝汽器的冷却方式，而非发电机的冷却方式。背压式机组不需要填报冷却方式。

表6 燃气机组与燃气蒸汽联合循环发电（CCPP）机组、IGCC 机组等特殊机组的核查

核查方法	查	1. 查阅核算指南要求的证据，包括排污许可证载明信息、机组运行规程，机组铭牌，确认燃气机组的名称、编号、型号、额定功率。* 2. 查阅电力业务许可证等，进行交叉核对。
	问	询问生产或设备部门机组信息。
	看	观察机组相关设备的铭牌。
	验	/
合理取值范围或经验数值		/
注意事项		核查组应理解各类机组型号中字母和数字的含义。

3.3 核算方法的核查

核查组应确认核算方法是否符合核算指南的要求,对任何偏离指南的核算方法都应判断其合理性,并在核查报告的核查发现和核查结论章节予以说明。

3.4 核算数据的核查

3.4.1 核算数据核查的一般要求

3.4.1.1 活动数据

核查组应根据核算指南,对重点排放单位排放报告中的所有活动数据的来源及数值进行核查。核查内容应包括活动数据的数值、单位、数据获取方式、数据来源、数据质量控制计划中设备维护信息(监测设备名称、型号、安装位置、测量频次、测量设备精度、设备校准频次)、数据缺失时的处理方式、数据获取负责部门等。

核查组应确认活动数据因设备校准延迟而导致的误差是否已根据设备的精度或不确定度进行了处理,以及处理的方式是否会导致低估排放量或过量发放配额。一般情况下,若重点排放单位监测设备未按照数据质量控制计划进行校准,核查组可要求重点排放单位采用如下方法或更加保守的方式确定:

— 未延迟校准、准确度符合规定:按照实际检测结果;

— 未延迟校准、准确度超过规定要求:检测结果×[1+(校准准确度−规定准确度)];

— 未校准:检测结果×(1+规定准确度);

— 延迟校准:排放年度内,校准覆盖时间段按未延迟校准处理,校准未覆盖时间段按未校准处理。

核查组应将每一个活动数据与其他数据来源进行交叉核对,其他数据来源应与报告数据的来源不同。若活动数据为单一数据来源，无法进行交叉核对，应在核查报告中作出说明。

3.4.1.2 排放因子

核查组应根据核算指南和数据质量控制计划对重点排放单位排放报告中的每一个排放因子的来源及数值进行核查。

对采用缺省值的排放因子，核查组应确认与核算指南中的缺省值一致。

对采用实测方法获取的排放因子，核查组至少应对排放因子的单位、数据来源、监测方法、监测频次、记录频次、数据缺失处理（如适用）等内容进行核查，核查组应采取与活动数据同样的核查方法对重点排放单位使用的监测设备进行核查。在核查过程中，核查组应将每一个排放因子与其他数据来源进行交叉核对。若排放因子为单一数据来源，无法进行交叉核对，应在核查报告中作出说明。

3.4.1.3 排放量

核查组应对排放报告中排放量的核算结果进行核查，通过确认排放量计算公式是否正确、排放量的累加是否正确、排放量的计算是否可再现等方式验证排放量的计算结果是否正确。通过对比以前年度的排放报告，分析生产数据和排放数据的变化和波动情况确认排放量是否合理。

3.4.1.4 生产数据

核查组应根据核算指南和数据质量控制计划对每一个生产数据进行核查，并与数据质量控制计划规定之外的数据来源进行交叉验证，若数据为单一来源，无法进行交叉核对，应在核查报告中作出说明。核查内容应包括生产数据的单位、数据来源、监测方法、监测频次、记录频次、数据缺失处理等。一般情况下，若重点排放单位监测设备未按照数据质量控制计划进行校准，核查组采用如下方法或更加保守的方式确定：

— 未延迟校准、准确度符合规定：按照实际检测结果；

— 未延迟校准、准确度超过规定要求：检测结果×[1-（校准准确度-规定准确度）]；

— 未校准：检测结果×（1-规定准确度）；

— 延迟校准：排放年度内，校准覆盖时间段按未延迟校准处理，校准未覆盖时间段按未校准处理。

3.4.2 重点参数的核查要求

排放报告中的发电设施核算数据可分为化石燃料燃烧排放数据（附表C.3）、购入使用电力排放数据（附表C.4）以及生产数据（附表C.5）三大类。

3.4.2.1 化石燃料燃烧排放的核查

3.4.2.1.1 燃煤排放的核查

燃煤排放核查的关键参数主要包括消耗量、收到基元素碳含量、收到基低位发热量，其核查要点和方法详见表7~表9。

表7 燃煤消耗量的核查

核查方法	查	1. 查阅数据质量控制计划，确认数据来源为入炉煤还是入厂煤；* 2. 针对生产系统记录的入炉煤计量数据： 1）查阅核算指南要求存证的每日/每月消耗量原始记录和台账（盖章版）原件；* 2）查阅皮带秤或给煤机计量的入炉煤原始计量记录；*

续表

核查方法		3）查阅皮带秤或给煤机的校验记录，确认准确度等级、校验方法和频次是否符合核算指南的相关规定；* 4）查阅以下证据对生产系统记录的计量数据进行交叉核对： 　　－ 反映购销存情况的证据材料，如燃煤采购明细账、入厂煤明细/台帐/过磅单、月度燃煤库存盘点记录、月度燃煤出厂记录等，通过对采购量（入厂量）、出厂量、库存进行统计计算出的燃煤消耗量；* 　　－ 火力发电厂生产情况表或火电厂技术经济表等记录中的燃煤消耗量； 　　－ 报统计部门的《能源购进、消费与库存》（205-1表）中的燃煤消耗量； 　　－ 报生态环境、能源等主管部门的能源统计报表或报告中的燃煤消耗量等。 3. 针对每日或每批次入厂煤盘存数据： 1）查阅核算指南要求存证的月度生产报表、购销存记录或结算凭证（盖章版）原件；* 2）查阅燃煤采购明细账、入厂煤明细/台帐/过磅单、每日或月度燃煤库存盘点记录、月度燃煤出厂记录等；* 3）查阅上述证据中涉及的计量器具的校验/校准记录，确认计量器具的准确度等级和校验/校准频次是否符合核算指南及GB/T 21369《火力发电企业能源计量器具配备和管理要求》的相关规定；* 4）查阅以下证据材料对购销存台帐中的数据进行交叉核对： 　　－ 火力发电厂生产情况表或火电厂技术经济表等证据中的燃煤消耗量；* 　　－ 报统计部门的《能源购进、消费与库存》（205-1表）中的燃煤消耗量； 　　－ 报生态环境、能源等主管部门的能源统计报表或报告中的燃煤消耗量等。
	问	－ 询问数据质量控制计划、排放报告编制人，确认燃煤消耗量的数据来源，判断是否与数据质量控制计划一致；* － 询问数据统计人员，了解证据材料中数据的统计口径以及数据之间的逻辑关系；*

续表

核查方法	看	- 询问燃煤管理部门，了解入炉煤计量过程以及入炉煤计量位置和煤质检测采样点的对应性，了解入厂煤、出厂煤和盘煤的计量方法。*
	看	- 查看中控室，调出给煤机或者皮带秤的显示界面，了解实际运行情况，现场随机查看日报记录、数据传递情况； - 现场查看皮带秤、给煤机、汽车衡等计量装置，确认数量和安装位置； - 查看皮带秤的称重控制器/重量积算仪，查看计量装置的校验/校准信息。
	验	- 针对入炉煤，通过每班、每日统计验证月报数据；* - 针对入厂煤，通过每日或每批次统计以及盘存数据验证月报数据；* - 利用反平衡法校核燃煤的月或年消耗量，即根据锅炉供出的蒸汽总热量和锅炉的热效率，推算耗用的标煤量，再折算出燃煤量。
合理取值范围或经验数值		/
注意事项		- 核算指南明确，入炉煤的优先序高于入厂煤。如果重点排放单位选择入厂煤盘存的数据获取方式，需询问重点排放单位作出这种选择的理由，如果有入炉煤的数据可以获取，核查组应开具不符合项，要求重点排放单位修订数据质量控制计划； - 查阅上一年度的核算/核查报告，结合核算指南中的燃煤消耗量的优先序，确保本年度燃煤消耗量数据来源的优先序没有降低； - 核算指南给出了皮带秤、耐压式计量给煤机以及其他计量器具准确度等级的标准和相关要求； - 月度盘煤报告/盘煤统计表通常由计划经营部门负责保管记录，盘煤报告一般以盖有部门章或盘煤参与人员签字的版本为准； - 交叉核对证据中显示的数据和报告数据之间通常会因统计口径、统计周期等而存在差异，应了解数据差异原因，判断是否合理； - 纳入核算指南明确的核算边界中的燃煤都应计入。

表 8　燃煤收到基元素碳含量的核查

| 核查方法 | 查 | 1. 查阅数据质量控制计划，确认数据来源；*
1）数据来源为每日检测的情形：
－　查阅核算指南要求存证的每日燃煤元素碳检测记录或煤质分析原始记录（盖章版）原件、检测报告原件、每日收到基水分检测记录；*
－　查阅每日燃煤元素碳基准转换；*
－　查阅每日燃煤消耗量，核查要点见表 7。*
2）数据来源为每批次检测的情形：
－　查阅核算指南要求存证的每月各批次入厂煤元素碳检测记录或煤质分析原始记录（盖章版）原件、检测报告原件、每批次收到基水分检测记录；*
－　查阅每月各批次入厂煤的元素碳基准转换；*
－　查阅每月各批次入厂煤量，核查要点见表 7。*
3）数据来源为每月缩分样检测的情形：
－　查阅核算指南要求存证的缩分样品元素碳的检测记录或煤质分析原始记录（盖章版）原件、检测报告原件、每日收到基水分检测记录和体现月度收到基水分加权计算过程的 Excel 表。*
－　查阅每月元素碳基准转换。*
2. 针对采样的核查。*
－　查阅采样方案；
－　查阅采样记录。
3. 针对制样的核查。*
－　查阅制样方案；
－　查阅煤样记录本等制样记录；
－　针对缩分样，查阅月混合样制样记录，查验每日获得的样品量与该日入炉煤消耗量是否成正比，且基准保持一致；
－　查阅煤样保存操作手册/技术规范/操作规程；
－　查阅煤样留存记录，确认留样是否符合核算指南的要求。
4. 针对化验的核查。*
1）对于重点排放单位自行检测的情形：
－　查阅检测记录和测试报告，确认样品采集后是否在 40 个自然日内完成检测并出具报告； |

续表

核查方法	- 查阅检测报告，确认是否盖有 CMA 资质认定或 CNAS 认可标识章； - 查阅检测报告中是否包括元素碳含量、低位发热量、氢含量、全硫、水分等参数的检测结果；查阅实验室的 CMA 资质认定和 CNAS 认可证书，确认资质和认可范围是否覆盖元素碳含量、低位发热量、氢含量、全硫、水分等参数检测的相关标准； - 查阅检测报告，确认是否载明收到样品时间、样品对应的月份、样品测试标准、样品重量和测试结果对应的状态（收到基、空干基或干燥基）； - 查阅检测报告，确认是否显示检测依据、检测设备、检测人员和检测结果； - 查阅检测报告中元素碳含量的基准，查阅水分数据的检测记录，判断基准转换计算是否正确。 2) 对于重点排放单位外委检测的情形： - 查阅重点排放单位与检测机构的委托协议及支付凭证、样品送检记录、样品邮寄单据等，并确认样品采集后是否在 40 个自然日内完成检测并出具报告； - 查阅检测报告中是否包括元素碳含量、低位发热量、氢含量、全硫、水分等参数的检测结果，检测报告是否由通过 CMA 资质认定或 CNAS 认可、且认可项包括上述参数的检测机构/实验室出具，并盖有 CMA 资质认定标志或 CNAS 认可标识章； - 查阅检测报告，确认是否载明来样时间、样品对应的月份、样品测试标准、样品重量和测试结果对应的基准（空干基或干燥基）； - 查阅检测报告，确认是否显示检测依据、检测设备、检测人员和检测结果； - 查阅检测报告中元素碳含量的基准，查阅水分数据的检测记录，判断基准转换计算是否正确（需要注意，空干基的水分数据采用检测报告中的数值，收到基的水分数据采用重点排放单位检测数值）。

续表

核查方法	问	— 询问数据质量控制计划、排放报告编制人，确认排放报告中的元素碳含量的数据来源，以及数据监测、记录、传递、统计和计算汇总的过程；* — 询问采样工作人员，确认采样的依据、采样点、采样频次、采样质量及保存等是否符合核算指南中适用的相关标准GB/T 475《商品煤样人工采取方法》、GB/T 19494.1《煤炭机械化采样第1部分：采样方法》的要求；确认采样点与燃煤计量点的对应性；* — 询问制样工作人员，确认来样标签核对、制样程序、送化验室的程序及存查煤样的保存等是否符合核算指南中适用的相关标准GB/T 474《煤样的制备方法》、GB/T 19494.2《煤炭机械化采样第2部分：煤样的制备》；* — 如涉及送样，询问送样负责人，详细询问其送样流程和记录要求，如何确保样品完整送出并由实验室接收等规定；* — 对于自行检测的，询问化验人员，确认化验时间、人员、校核与报告签发事项，确认化验方法是否符合指南中适用的相关标准GB/T 476《煤中碳和氢的测定方法》、GB/T 30733《煤中碳氢氮的测定-仪器法》、DL/T 568《燃料元素的快速分析方法》、GB/T 31391《煤的元素分析》的规定。
	看	— 查看留存备查的煤样，确认留存环节是否符合核算指南的要求；* — 以重点排放单位实验室管理制度、实验设备管理制度、设备清单等背景资料为依据，现场走访采样区域、制样区域、化验室等地点，确认相关区域环境现状，以判断是否有效管理； — 现场查看设备，了解设备校准情况，是否贴有相应标识，是否有过期情况。
	验	— 由空干基或干燥基到收到基的转换方法是否正确；* — 根据每日燃煤元素碳含量/每日燃煤量/每日收到基水分、每批次入厂煤元素碳含量/每批次入厂煤量/每批次收到基水分，验算月度元素碳含量的计算是否正确。*

续表

合理取值范围或经验数值	以下数值为经验参数，不作为符合性判定标准： - 燃煤干燥无灰基元素碳含量：褐煤为 60%~77%，烟煤为 74%~92%，无烟煤为 90%~98%。可根据水分、灰分等数据换算为收到基的数值； - 单位热值含碳量：褐煤 27.97tC/TJ，烟煤 26.18tC/TJ，无烟煤 27.49tC/TJ。
注意事项	- 数据获取方式之间不存在优先序； - 应确保燃煤元素碳含量和燃煤量保持状态一致，即：如果燃煤量基于入炉状态，元素碳含量也必须基于入炉状态；如果燃煤量基于入厂状态，元素碳含量也必须基于入厂状态； - 必要时，可通过登录相关授权机构网站，确认实验室获得 CMA 资质认定或者 CNAS 认可情况，包括资质和有效期等； - 元素碳含量应采用收到基数据。检测报告中元素碳含量报告的空干基或干燥基数据需换算成收到基数据； - 在进行收到基转换时，应注意按核算指南明确的转换公式，特别注意收到基水分和空干基水分的数据来源是否符合核算指南的要求； - 核算指南规定，检测报告需要同时包括样品的低位发热量、氢含量、全硫、水分等参数的检测结果。应注意，同时报告的低位发热量不能取代本文件表 9 中的月度燃煤低位发热量； - 留存煤样是在原始煤样制备的同时保存的。一般可以标称最大粒度为 3mm 的煤样 700g 作为留存煤样。保存煤样容器参考国标 GB/T 474《煤样的制备方法》中"不吸水、不透气密封容器"的要求，一般盛装煤样的容器可用磨口玻璃瓶、塑料塞玻璃瓶、塑料密封袋或塑料瓶； - 燃煤未开展元素碳实测或实测不符合核算指南要求的，应按核算指南的规定取相应的单位热值含碳量缺省值进行计算； - 核查组如发现采样、制样、化验存在问题，应通过核查报告或其他方式，报告给省级生态环境主管部门。

表 9　燃煤低位发热量的核查

核查方法	查	1. 查阅数据质量控制计划，确认燃煤低位发热量的来源是入炉煤状态还是入厂煤状态：* 1）如采用入炉煤检测值： － 查阅核算指南要求存证的每日/每月入炉煤低位发热量检测记录或煤质分析原始记录（盖章版）、检测报告原件、每月加权计算 Excel 表；* － 查阅每班/日入炉煤低位发热量基准转换；* － 查阅每班/日的入炉煤量，核查要点见表7。* 必要时，查阅以下证据材料对入炉煤低位发热量进行交叉核对： － 通过各批次入厂煤低位发热量检测值以及各批次入厂煤量计算获得的入厂煤平均低位发热量。 － 通过生产日/月报表、火力发电厂生产情况表或火电厂技术经济报表等相关文件中的燃煤消耗量和标煤耗量，换算获得的平均低位发热量； － 入炉煤入厂煤定期热值差异分析报告等。 2）如采用入厂煤检测值： － 查阅核算指南要求存证的每日/每月入厂煤低位发热量检测记录或煤质分析原始记录（盖章版）、检测报告原件、每月加权计算 Excel 表；* － 查阅每日或各批次入厂煤低位发热量基准转换；* － 查阅每日或各批次入厂煤量，核查要点见表7。* 必要时，查阅以下证据材料对入厂煤平均低位发热量进行交叉核对： － 通过生产日/月报表、火力发电厂生产情况表或火电厂技术经济报表等相关文件中的燃煤消耗量和标煤耗量，换算获得的平均低位发热量。 2. 针对采样、制样、化验： 无论采用入炉煤还是入厂煤，查阅以下内容* － 查阅采样、制样方案和记录； － 查阅检测报告，确认是否载明收样时间、样品对应的时间、样品测试标准、收样重量和测试结果对应的状态（收到基、空干基或干燥基），查阅水分数据的检测记录，判断基准

续表

核查方法		转换计算是否正确（需要注意，空干基的水分数据采用检测报告中的数值，收到基的水分数据采用重点排放单位检测数值）； - 对自有实验室检测的，查阅实验室管理规章制度； - 对于委托外部检测机构检测的，查阅重点排放单位与检测机构的检测协议、样品送检记录、样品邮寄单据、检测费支付凭证等；查阅检测报告，确认是否盖有 CMA 资质认定或 CNAS 认可标识章；查阅委外检测机构 CMA 资质认定和 CNAS 认可证书，确认资质和认可范围是否覆盖低位发热量。
	问	- 参考燃煤收到基元素碳含量的核查方法。
	看	- 参考燃煤收到基元素碳含量的核查方法。
	验	- 不同基准的转换方法是否正确；* - 根据每日的入炉煤低位发热量及每日的入炉煤量、每日或每批次的入厂煤低位发热量和入厂煤量，验算月度低位发热量的计算是否正确。*
合理取值范围或经验数值		发热量和灰分之间基本呈负相关性：灰分越高，发热量越低；灰分越低，发热量越高。
注意事项		- 如果未对元素碳含量进行实测，或者元素碳含量的实测不符合指南要求，需用燃煤低位发热量进行排放量的计算； - 应确保燃煤低位发热量和燃煤量保持状态一致，即：如果燃煤量基于入炉状态，低位发热量也必须基于入炉状态；如果燃煤量基于入厂状态，低位发热量也必须基于入厂状态。优先采用入炉数据，其次采用入厂数据； - 如果选择较低优先序的数据获取方式，询问数据质量控制计划编制人员作出这种选择的理由，如果有更高优先序的数据可以获取，核查组应开具不符合项要求重点排放单位修订数据质量控制计划； - 在实际工作中，部分检测机构仅出具高位发热量数据，由重点排放单位自行换算成低位发热量； - 不论入炉煤还是入厂煤低位发热量，采样、制样、化验任一过程不符合指南要求的，该日或该批次应采用指南中规定的缺省值或生态环境部其他规定明确的数值； - 核算指南仅要求委外检测机构具有 CMA 资质认定或者 CNAS 认可资质，对重点排放单位自有实验室未做要求。

3.4.2.1.2 燃油、燃气排放的核查

燃油、燃气排放的关键参数包括消耗量、元素碳含量和低位发热量，其余参数如碳氧化率采用缺省值。燃气核查要点和方法详见表10~表12，燃油的核查可参照燃气执行。

表 10 燃气消耗量的核查

核查方法	查	1. 查阅数据质量控制计划，确认数据来源为连续测量数据还是购销存台账数据；* 2. 对连续测量数据： 1) 查阅核算指南要求存证的每日/每月消耗量原始记录或台账（盖章版）原件；* 2) 查阅流量计抄表记录，并查阅流量计的校准记录，确认计量器具的准确度等级、校准方法和频次是否符合要求；* 3) 查阅以下证据材料对生产系统记录的计量数据进行交叉核对： — 反映购销存情况的证据材料，如燃气采购明细账、库存量（液化天然气）等；* — 火力发电厂生产情况表或火电厂技术经济表等证据中的燃气消耗量； — 报统计部门的《能源购进、消费与库存》（205-1表）中的燃气消耗量； — 报生态环境、能源等主管部门的能源统计报表或者报告中的燃气消耗量。 3. 购销存台账数据： 1) 查阅核算指南要求存证的月度生产报表、购销存记录或结算凭证（盖章版）原件；* 2) 查阅燃气采购明细/台帐、盘存记录；* 3) 了解供应商计量情况；* 4) 查阅以下证据材料对购入量数据进行交叉核对： — 火力发电厂生产情况表或火电厂技术经济表等证据中的燃气消耗量；* — 报统计部门的《能源购进、消费与库存》（205-1表）中的燃气消耗量； — 报生态环境、能源等主管部门的能源统计报表或者报告中的燃气消耗量。

续表

核查方法	问	- 询问数据质量控制计划、排放报告编制人，确认燃气消耗量的数据来源，判断是否与数据质量控制计划描述一致；* - 询问数据统计人员，了解证据中数据的统计口径以及数据之间的逻辑关系。*
	看	- 基于计量网络图，确认燃气表安装位置，查看铭牌，确认型号和精度与数据质量控制计划描述的一致性；* - 查看燃气积算仪的校准状态。
	验	- 针对生产系统记录的计量数据，通过日统计加和验证月报数据；* - 针对供应商结算凭证的购入量数据，通过批次统计加和验证月报数据。
合理取值范围或经验数值		/
注意事项		- 查看重点排放单位基于生产系统记录的月报，名称通常为《发电厂生产情况表》《×××生产月报》等，表中载明月度燃气消耗量。表单以有重点排放单位负责人、统计负责人、制表人签字及单位盖章的版本为准； - 交叉核对证据中显示的数据和报告数据之间通常会因为统计口径、统计周期等而存在差异，应了解数据差异原因，判断是否合理； - 个别企业可能存在液化天然气的库存，一般情况下可采用生产系统记录的计量数据来获取数据； - 纳入核算指南明确的核算边界中的燃气都应计入。

表 11　燃气元素碳含量的核查

| 核查方法 | 查 | - 查阅数据质量控制计划，确认燃气元素碳含量的获取方式；*
1) 针对自行检测或委托检测
- 查阅核算指南要求存证的每月检测记录或检测报告（盖章版）原件；*
- 如自行检测，查阅相关检测的作业指导书/操作手册/技术规范/操作规程等，确认天然气检测方法是否遵循 GB/T 13610《天然气的组成分析气相色谱法》或 GB/T 8984《气体中一氧化 |

续表

核查方法		碳、二氧化碳和碳氢化合物的测定气相色谱法》等相关标准，确认计量器具是否得到了有效的校准和维护；* — 对于委托外部检测机构检测的情况，查阅重点排放单位与检测机构的检测协议、检测费支付凭证、检测报告等。* 2）针对供应商提供的数据 — 查阅核算指南要求存证的每月检测记录或检测报告（盖章版）原件。*
	问	— 询问数据质量控制计划、排放报告编制人，确认排放报告中的燃气元素碳含量的数据来源，以及数据监测、记录、传递、统计和汇总的过程；* — 对于自检的情形，询问化验人员，确认化验时间、人员、校核与报告签发事项；确认化验方法是否符合指南中适用的相关标准的规定。*
	看	— 以重点排放单位实验室管理制度、实验设备管理制度、设备清单等背景资料为依据，现场走访采样区域、制样区域、化验室等地点，确认相关区域环境现状，以判断是否有效管理； — 现场查看设备，了解设备校准情况；是否贴有相应标识，是否有过期情况。
	验	验算燃气平均元素碳含量计算，根据每次检测的元素碳含量验算月度元素碳含量的计算是否正确。*
合理取值范围或经验数值		天然气元素碳含量 4.37~6.10tC/万 Nm³。该数值为经验参数，不作为符合性判定标准。
注意事项		— 如果某月进行了多于一次的实测，应采用算术平均值计算该月平均元素碳含量； — 核算指南未要求检测机构具有 CMA 资质认定或者 CNAS 认可资质。

表 12 燃气低位发热量的核查

核查方法	查	查阅数据质量控制计划，确认燃气低位发热量的获取方式：* 1）针对自行检测或委托检测 — 查阅核算指南要求存证的每月检测记录或检测报告（盖章版）原件；*

核查方法		- 如自行检测，查阅相关检测的作业指导书/操作手册/技术规范/操作规程等，确认低位发热量检测方法是否遵循核算指南要求的相关标准，确认计量器具是否得到了有效的校准和维护。*针对安装在线监测仪表的，可通过比对表的数据，核对主表的测量数据； - 对于委托检测的情况，查阅重点排放单位与检测机构的检测协议、检测费支付凭证、检测报告等；* - 查阅每月燃气消耗量，核查要点见表10。* 必要时，查阅以下证据材料进行交叉核对： - 通过生产日/月报表、火力发电厂生产情况表或火电厂技术经济报表等相关文件中的天然气消耗量和标煤耗量，换算获得的平均低位发热量。 2）针对燃气供应商提供的数据 - 查阅核算指南要求存证的每月检测记录或检测报告（盖章版）；* - 查阅每月燃气消耗量，核查要点见表10。* 3）针对缺省值 确认数值是否与核算指南附录A中的数值一致。*
	问	- 同燃气元素碳含量。
	看	- 同燃气元素碳含量。
	验	用月度消耗量和平均低位发热量验算年度平均低位发热量的计算。*
合理取值范围或经验数值		天然气低位发热量约为 285.0~398.3GJ/万 Nm^3。该数值为经验参数，不作为符合性判定标准。
注意事项		- 核算指南未要求检测机构具有 CMA 资质认定或者 CNAS 认可资质。

3.4.2.1.3 生物质的热量占比的核查

对于掺烧生物质（含垃圾、污泥）的，应核查其热量占比。核查要点和方法详见表13。

表13 生物质（含垃圾、污泥）热量占比的核查

核查方法	查	1. 查阅数据质量控制计划中数据获取方式。其中，化石燃料的消耗量、化石燃料的低位发热量的核查要点和方法见表7、表9、表10、表12。* 2. 查阅核算指南要求存证的每月锅炉产热量生产报表或台账记录（盖章版）原件*。查阅生产月报或DCS系统中锅炉主蒸汽量、主蒸汽温度和压力、锅炉给水量、给水温度、再热器出口蒸汽量。* 3. 查阅核算指南要求存证的锅炉效率检测报告或锅炉说明书或锅炉运行规程。* - 如果重点排放单位提供了锅炉检测报告，应确认检测报告盖有CMA资质认定标志或CNAS认可标识章，并确认检测机构是否经CMA资质认定或CNAS认可； - 如果重点排放单位未提供锅炉效率检测报告，对照锅炉技术说明书或运行规程，查阅最大负荷对应的设计值。
	问	询问排放报告负责人：掺烧生物质热量占比数据来源，以及数据监测、记录、传递、统计和计算的过程；* 如需进一步验证，可询问生产部/运行部： - 生物质的来源、种类、消耗量计量方式； - 锅炉效率检测等相关信息。
	看	/
	验	对锅炉产热量按核算指南附录E中公式（E.2）进行验算。*
合理取值范围或经验数值		/
注意事项		/

3.4.2.2 购入使用电力排放的核查

购入使用电力排放核查的关键参数主要包括购入使用电量。其余参数如电网排放因子采用缺省值。

表 14 购入使用电量的核查

核查方法	查	查阅数据质量控制计划，确认数据来源。* 1）获取方式为"根据电表记录的读数统计"的核查： - 查阅核算指南要求存证的每月电量统计原始记录（盖章版）原件；* - 查阅抄表记录；* - 查阅下网电量结算单、结算发票、电网公司出具的结算数量说明等材料进行交叉核对。* 2）获取方式为"供应商提供的电费结算凭证上的数据"的核查： - 查阅核算指南要求的证据"每月电费结算凭证"原件；* - 查阅下网电量结算发票、下网电量明细帐。*
	问	/
	看	必要时，根据计量表的实际情况，可观察以下设备： - 主变高压侧计量下网电量的关口表（双向表）； - 启备变电表（通常安装在网控继保室）； - 备用线路结算表。
	验	/
合理取值范围或经验数值		/
注意事项		- 如果数据质量控制计划中采用了结算数据作为机组下网电量的来源，而实际核查过程中发现重点排放单位可以采用计量数据，应要求重点排放单位修改数据质量控制计划以提高数据准确度； - "购入使用电量"是机组消耗的外购电量，不是全厂消耗的外购电量； - 当主变压器出现事故、故障、检修、雷击跳闸等情况时，通常通过启备变电表从电网获取电力。此种情况下，下网电量也需读取启备变电表数据； - 如果无法获得机组消耗的外购电量，可以使用结算的下网电量； - 如果无分机组用电量统计，可按机组数目平分下网电量； - 部分电厂结算过程中可能存在下网电量与上网电量冲抵的情况，因此没有单独的下网电量结算发票，重点排放单位可能会漏报下网电量。此种情况下，可通过询问相关运行管理人员，查阅机组停机记录、相关下网电量计量表的抄表记录、结算清单等确认实际的下网电量； - 企业机组双停或全停时消耗的下网电量算外购电；没有双停或全停时，机组消耗的下网电量也算外购电。

3.4.2.3 生产数据的核查

生产数据的核查包括发电量、供热量、运行小时数、负荷（出力）系数，详见表15~表18。

表15 发电量的核查

核查方法	查	1. 查阅核算指南要求存证的"每月生产报表或台账记录"（盖章版）原件； 2. 查阅电能表抄表记录，确认与数据质量控制计划中规定的发电量监测方法、监测频次和记录频次的要求是否一致；* 3. 查阅发电量计量器具清单、电能表校准记录和检定证书或检定/校准标签确认电能表是否按数据质量控制计划进行校准和维护；* 4. 通过以下数据源，对发电量进行交叉核对： － 火力发电厂生产情况/生产、技术经济报表等统计报表；* － 上报电网公司的统计表（如有）。
	问	－ 询问排放报告负责人：发电量数据来源以及数据监测、记录、传递、统计和汇总的过程；* － 询问仪表部/中控室：电能表的检定/校准周期；相关电能表的倍率。
	看	－ 发电量通常实时在线监测，必要时，可以在中控室观察实时变化的表底数； － 计量发电量的电能表通常安装在继电保护室，可现场观察电能表的型号、精度、检定标签等。
	验	必要时，通过电能表报告期的表底数之差，乘以倍率，验算发电量。
合理取值范围或经验数值		发电量与机组装机容量、运行时间和负荷相关：发电量=装机容量×全年/月运行小时数×负荷系数。
注意事项		－ 如果电能表安装在变压器输出端，则须经过试验计算出变压器的损失，在计算发电量时，应由变压器端电量加变压器损失，换算到发电机端的电量； － 机组发电量不应包括备用柴油机组发电量。

表 16 供热量的核查

| 核查方法 | 查 | 1. 查阅数据质量控制计划，确认数据来源为直接计量数据还是采用结算数据。如为直接计量数据，确认是热源侧计量还是用户侧计量。*
2. 针对直接计量数据：
1）查阅核算指南要求存证的每月生产报表或台账记录（盖章版）原件和供热量计算 EXCEL 表；*
2）查阅计量器具的抄表记录，确认与数据质量控制计划中规定的供热量监测方法、监测频次和记录频次的要求是否一致；*
3）查阅生产报表中的蒸汽量、温度、压力等参数，并确认：*
－ 与 EXCEL 表中计算数据的一致性；
－ 温度、压力等参数的获取方式是否按核算指南明确的优先序获取；针对实际监测数据，查阅监测记录；针对额定值，查阅机组运行规程或其他相关技术文件；
4）查阅供热量计量器具台账，查阅流量计（差压变送器、流量积算仪）、热电偶、热电阻、压力变送器等计量设备的校准记录和检定证书，确认计量器具是否按数据质量控制计划进行校准和维护；*
5）通过以下数据源，对供热量进行交叉核对：
－ 供热量结算数据统计及相关凭证（用此种方法进行交叉核对时，应注意供热管网损失率的合理性）；* 火力发电厂生产情况/生产、技术经济报表等统计报表，对供热量进行交叉核对；*
－ 用户侧计量数据（仅针对热源侧计量数据）；
－ 报统计部门的能源加工转换产出量-热力（205-2 表）；
－ DCS 系统截屏。
3. 针对结算凭证数据：
1）查阅核算指南要求存证的结算凭证（盖章版）原件和供热量计算 EXCEL 表；*
2）查阅供热协议、热力销售明细帐、结算单或热力销售发票等；*
3）如以蒸汽、热水质量为单位进行结算，查阅采购合同、相关技术规程/说明书或设计文件中的温度、压力等参数取值情况；* |

续表

核查方法		
核查方法		4）通过以下数据源，对供热量进行交叉核对： - 查阅发电厂生产情况，或其他生产报表，对供热量进行交叉核对；* - 报统计部门的能源加工转换产出量-热力（205-2 表）； - DCS 系统截屏。
	问	询问排放报告负责人：供热量数据来源，以及数据监测、记录、传递、统计和汇总的过程。* 如需进一步验证，必要时，可根据实际情况选择以下部门进行询问： 1. 询问生产/运行/设备部门： - 是否存在不经汽轮机，由锅炉直供的情况，以及直供蒸汽量的计量、统计，蒸汽温度、压力、焓值的取值方法，由蒸汽量向供热量的换算过程和方法； - 是否存在外供热水，相应供热量的计量和统计方法； - 是否存在回水，回水量和回水温度，以及相应热量的计量、统计方法； - 供热量计量点和结算点的位置位于热源侧还是用户侧； - 是否有利用烟气余热供热，机组供热量的统计是否包括了该部分热量。 2. 询问财务部：供热量的结算方式，包括结算流程、周期、用户、结算单位（以热量为单位还是蒸汽量为单位）等； 3. 询问仪表部门：流量计（差压变送器、流量积算仪）、热电偶、热电阻、压力变送器的检定/校准周期。
	看	必要时，可现场观察以下信息： - 中控室 DCS 系统的蒸汽管线图，DCS 系统中的外供蒸汽的温度、压力、流量的计量点位，以及实时变化情况； - DCS 系统中外供热水的温度、流量的计量点位及实时变化情况； - 回水（如有）的流量及温度计量点，以及实时变动情况； - 各相关流量计（差压变送器、流量积算仪）、热电偶、热电阻、压力变送器的型号、精度等。

续表

核查方法	验	对供热量计算 EXCEL 表进行验算。* 验算方法可根据具体情况确定： - 对于不经汽轮机的锅炉供热量，以及汽轮机直接供热：供热量=直接供汽流量×直接供汽的供汽焓值-直接供汽的凝结水回水流量×直接供汽的凝结水回水焓值-用于直接供热的补充水量×用于直接供热的补充水焓值。如无法获得凝结水回水流量、回水焓值、补充水量、补充水焓值等数据，可按"供热量=直接供汽量×（供汽焓-83.74）"简化验算； - 对于汽轮机间接供热：如有蒸汽计量装置，供热量=蒸汽疏水流量×（供气焓-疏水焓）；如无蒸汽计量装置，供热量=（热网循环水供水流量×供水焓-热网循环水回水量×回水焓-热网循环水补充水量×补充水焓）/热网加热器效率，其中热网加热器的效率可按核算指南附录 E 公式（E.9）中换热器效率数值95%； - 如果以热水方式，而非蒸汽方式进行供热，可采用公式"供热量=直接供水量×（供水温度-20）×4.1868×10^{-3}"计算； - 相关焓值通过查阅《水和水蒸气热力性质表》获得。
合理取值范围或经验数值		- 供热量<锅炉产热量； - 机组综合热效率：对热电联产机组，"（发电量×3.6+供热量）/∑（燃料消耗量×低位发热量）<1"；对纯凝机组，"（发电量×3.6）/∑（燃料消耗量×低位发热量）<46%"。
注意事项		- 在实际核查过程中，如果发现重点排放单位有较高优先序的数据而使用了较低优先序的数据，应开具不符合项要求重点排放单位修订数据质量控制计划以提高数据准确度； - 如果重点排放单位使用了用户侧计量数据，不能用管网损失折算到热源侧数据； - 核查组需要充分理解不经汽轮机由锅炉直供热、汽轮机直接供热、汽轮机间接供热、疏水、回水（汽）和补充水的概念； - 一般情况下，供热量计量点在供热联箱出口的供热母管处。正常情况下蒸汽温度、压力稳定。DCS 系统可实时监测蒸汽温度、压力，通过软件抓取瞬时数据后，计算出小时、天和月平均值。取月度平均值即可满足核算指南的要求；

续表

	- 一般情况下，自动热量计已经扣除回水的焓值，回水焓值不需要重复扣减； - 向发电设施汽水系统内供出的热量不计入供热量； - 烟气余热供热由于不是从汽水系统供出的热量，因此不计入机组供热量。

表 17 运行小时数的核查

核查方法		
核查方法	查	1. 查阅数据质量控制计划中确定的机组运行小时数的获取方式。其中机组容量的核查要点和方法见表 3；* 2. 查阅核算指南要求的生产报表或台账记录（盖章版）原件；* 3. 对生产系统数据，查阅《火力发电厂生产情况》、《月度/年度生产、技术经济报表》或开/停机记录等交叉核对； 4. 对统计报表数据，查阅《火力发电厂生产情况》、开/停机记录等交叉核对。
	问	询问排放报告负责人：机组运行小时数数据来源，以及数据监测、记录、传递、统计和汇总的过程； 必要时，可询问生产、检修或运行部门： - 计划检修时间如何制定并记录； - 突发事件停机时间如何记录； - 生产及统计报表中运行小时数如何记录； - 统计报表中统计的是否是实际运行小时数。
	看	/
	验	- 对于多机组合并填报的情况，应根据核算指南中的公式（11）验算加权平均运行小时数计算结果是否正确。* - 根据生产数据的变化趋势分析企业运行小时数的合理性。
合理取值范围或经验数值		利用小时数<运行小时数

续表

注意事项	— 如果重点排放单位数据质量控制计划中采用了统计报表数据作为运行小时数的来源，而实际核查过程中发现重点排放单位可以采用生产系统数据，应询问数据质量控制计划编制人相关原因，并开具不符合项要求重点排放单位修改数据质量控制计划以提高数据准确度； — 注意运行小时数与利用小时数的差异；应按发电机运行情况统计核算运行小时数；多机组合并报告的情况，应为各机组的加权平均值，权重为各机组发电机的额定容量；不应将备用机组参与加权平均计算，可将备用机组和被调剂机组的运行小时数加和，作为一台机组计算。

表 18　负荷（出力）系数的核查

核查方法	查	1. 该数值为计算值。具体计算参数的核查见机组容量（表3）、发电量（表15）和运行小时数（表17）的核查要点和方法。 2. 查阅核算指南要求的生产报表或台账记录（盖章版）原件。*
	问	/
	看	/
	验	对于多机组合并填报的情况，应根据核算指南中的公式验算加权平均负荷系数计算结果是否正确。
合理取值范围或经验数值		0~1
注意事项		对于多机组合并填报的情况，不应将备用机组参与加权平均计算，可将备用机组和被调剂机组的运行小时数加和，作为一台机组计算。

3.5　质量保证和文件存档的核查

核查组应从以下方面对重点排放单位的质量保证和文件存档执行情况进行核查：

— 是否建立了温室气体排放核算和报告的内部管理制度和质量保证体系，包括负责计量、检测、核算、报告和管理工作的部门及其职责、具体工作要求、工作流程等；是否指定了专职人员负责温室气体排放核算和报告工作；

— 是否建立温室气体排放报告内部审核制度，确保提交的排放报告和支撑材料符合技术规范、内部管理制度和质量保证要求；

— 是否建立原始凭证和台账记录管理制度，规范排放报告和支撑材料的登记、保存和使用。

3.6 数据质量控制计划及执行的核查

核查组从以下方面核查数据质量控制计划的执行情况：

— 重点排放单位基本情况是否与数据质量控制计划中的报告主体描述一致；

— 年度报告的核算边界和主要排放设施是否与数据质量控制计划中的核算边界和主要排放设施一致；

— 所有活动数据、排放因子及生产数据是否按照数据质量控制计划实施监测；

— 煤炭的采样、制样、检测化验能够按照计划实施。

— 监测设备是否得到了有效的维护和校准，维护和校准是否符合国家、地区计量法规或标准的要求，是否符合数据质量控制计划、核算指南或设备制造商的要求；

— 监测结果是否按照数据质量控制计划中规定的频次记录；

— 数据缺失时的处理方式是否与数据质量控制计划一致；

— 数据内部质量控制和质量保证程序是否有效实施。

对不符合核算指南要求的数据质量控制计划，应开具不符合项并要求重点排放单位进行补正。

对未按数据质量控制计划获取的活动数据、排放因子、生产数据，核查组应结合现场核查情况开具不符合项，要求重点排放单位按照保守性原则测算数据，确保不会低估排放量或过量发放配额。

3.7 其他内容

除上述内容外，核查组还应重点关注如下内容：

— 投诉举报重点排放单位温室气体排放量和相关信息存在的问题；

— 各级生态环境主管部门转办交办的事项；

— 生态环境主管部门日常监管或监督检查中发现的问题；

— 排放报告和数据质量控制计划中出现错误风险较高的数据以及重点排放单位的风险控制措施；

— 重点排放单位以往年份不符合项的补正完成情况，以及是否得到持续有效管理等。

附录 核查报告模板

附录

核查报告模板

报告编号：＊＊＊

（编号规则：省份-核查技术服务机构缩写-重点排放单位机构代码后六位-排放报告年份-核查报告版本）

＊＊发电有限公司
2023年度
温室气体排放核查报告

核查技术服务机构名称（盖章）：＊＊＊

核查报告签发日期：＊年＊月＊日

重点排放单位名称		地址	
统一社会信用代码		法定代表人	
联系人		联系方式（电话、email）	
行业分类			
纳入全国碳市场的行业子类			
排放报告技术服务机构名称			
排放报告技术服务机构统一社会信用代码			
温室气体排放报告（核查前）版本/日期			
温室气体排放报告（核查后）版本/日期			

核查结论：

（示例）

1. 排放报告与核算指南以及数据质量控制计划的符合性：

经核查，核查组确认＊＊发电有限公司提交的 2023 年度最终版（版本号：＊＊＊）排放报告中的重点排放单位基本情况、核算边界、核算方法、活动水平数据、排放因子、排放量以及生产数据，符合《企业温室气体排放核算与报告指南 发电设施》的相关要求和数据质量控制计划的规定。

2. 排放量确认：

＊＊发电有限公司 2023 年度按照《企业温室气体排放核算与报告指南 发电设施》核算的温室气体排放总量的声明如下：

年度	2023			
机组	1	2	……	所有机组
化石燃料燃烧排放量（tCO_2）				
购入电力排放量（tCO_2）				
总排放量（tCO_2）				

3. 与上年度相比，排放量存在异常波动的原因说明：

＊＊发电有限公司 2023 年度相较于上一年度排放情况比较如下：

续表

类别	2022	2023	2023 相较于 2022 波动
所有机组			
温室气体排放总量（tCO$_2$）			
发电量（MWh）			
供热量（GJ）			
机组 1			
温室气体排放总量（tCO$_2$）			
发电量（MWh）			
供热量（GJ）			
机组 2			
……			

　　＊＊发电有限公司2023年度机组1、2、3、4温室气体排放总量相较2022年的变化幅度分别为＊＊＊＊%，波动主要原因是与××参数有关，××参数的变化情况为＊＊＊。综上所述，＊＊发电有限公司2023年度相较于2022年度的排放情况不存在异常波动。

4. 核查过程中未覆盖的问题或者特别需要说明的问题描述：

　　无。

核查组长		签名		日期	
核查组成员					
技术复核人		签名		日期	
批准人		签名		日期	

目 录

1 概述
   1.1 核查目的
   1.2 核查范围
   1.3 核查准则
2 核查过程和方法
   2.1 核查组安排
   2.2 文件评审
   2.3 现场核查
   2.4 核查报告编写及内部技术复核
3 核查发现
   3.1 基本情况的核查
   3.2 核算边界的核查
      3.2.1 核算边界
      3.2.2 发电设施
         3.2.2.1 机组 1#
         3.2.2.2 机组 2#
   3.3 核算方法的核查
   3.4 核算数据的核查
      3.4.1 活动数据和排放因子的核查
      活动水平数据 A 燃料消耗量的核查
         A-1 燃煤消耗量的核查

A-2 燃气消耗量的核查

……

排放因子 B 收到基元素碳含量的核查

B-1 燃煤收到基元素碳含量的核查

B-2 燃气收到基元素碳含量的核查

……

活动水平数据 C 燃料低位发热量的核查

C-1 燃煤低位发热量的核查

C-2 燃气低位发热量的核查

……

排放因子 D 单位热值含碳量的核查

D-1 燃煤单位热值含碳量的核查

D-2 燃气单位热值含碳量的核查

……

排放因子 E 碳氧化率的核查

E-1 燃煤碳氧化率的核查

E-2 燃气碳氧化率的核查

……

生物质掺烧的核查

H 掺烧生物质品种名称的核查

I 锅炉效率的核查

J 锅炉产热量的核查

K 化石燃料热量的核查

L 生物质热量占比的核查

活动水平数据 M 购入使用电量的核查

排放因子 N 电网排放因子的核查

3.4.2 排放量的核查

F/G 化石燃料燃烧排放量的核查

O 购入电力排放量的核查

T 机组二氧化碳排放量的核查

3.4.3 生产数据的核查

P 发电量的核查

Q 供热量的核查

R 运行小时数的核查

S 负荷（出力）系数的核查

3.5 质量保证和文件存档的核查

3.6 数据质量控制计划及执行的核查

3.7 其他核查发现

4 核查结论

4.1 排放报告与核算指南、数据质量控制计划的符合性

4.2 排放量确认

4.3 与上年度相比，排放量存在异常波动的原因说明

4.4 核查过程中未覆盖的问题或者需要特别说明的问题描述

5 附件

附件 1：核查结果数据表

附件 2：配额分配相关数据表

附件 3：不符合清单

附件 4：支持性文件清单

报告正文

* * *

5　附件

附件1：核查结果数据表

****（重点排放单位名称）***年核查结果数据表					
数据项	排放报告（核查前）	核查报告	是否一致	变化幅度	差异原因
重点排放单位基本信息（C.1）					
重点排放单位名称					
统一社会信用代码					
单位性质（营业执照）					
法定代表人姓名					
注册日期					
注册资本（万元人民币）					
注册地址					
生产经营场所地址					
发电设施经纬度					
邮政编码					
报告联系人					
联系电话					
电子邮箱					
报送主管部门					
行业分类					
纳入全国碳市场的行业子类					
生产经营变化情况					
本年度编制温室气体排放报告的技术服务机构名称					
编制温室气体排放报告的技术服务机构统一社会信用代码					
本年度提供煤质分析报告的检验检测机构名称及统一社会信用代码					

续表

机组及生产设施信息（C.2）						
机组名称	信息项	排放报告（核查前）	核查报告	是否一致	变化幅度	差异原因
1#机组	燃料类型	（示例：燃煤、燃油、燃气）				
	燃料名称	（示例：无烟煤、柴油、天然气）				
	机组类别	（示例：常规燃煤、非常规燃煤、燃气、燃油、IGCC、CCPP、其他特殊发电机组）				
	产品类别	（示例：纯凝发电/热电联产）				
	装机容量（MW）	（示例：630）				
	燃煤机组-锅炉名称	（示例：1#锅炉）				
	燃煤机组-锅炉类型	（示例：循环流化床、煤粉炉）				
	燃煤机组-锅炉编号	（示例：MF001）				
	燃煤机组-锅炉型号	（示例：HG-2030/17.5-YM）				
	燃煤机组-生产能力	（示例：2030 t/h）				
	燃煤机组-汽轮机名称	（示例：1#）				
	燃煤机组-汽轮机类型	（示例：抽凝式）				
	燃煤机组-汽轮机编号	（示例：MF002）				
	燃煤机组-汽轮机型号	（示例：N630-16.7/538/538）				
	燃煤机组-汽轮机压力参数	（示例：中压）				

续表

机组名称	信息项	排放报告（核查前）	核查报告	是否一致	变化幅度	差异原因
	燃煤机组-汽轮机额定功率	（示例：630）				
	燃煤机组-汽轮机排汽冷却方式	（示例：水冷-开式循环）				
	燃煤机组-发电机名称	（示例：1#）				
	燃煤机组-发电机编号	（示例：MF003）				
	燃煤机组-发电机型号	（示例：QFSN-630-2）				
	燃煤机组-发电机额定功率	（示例：630）				
	燃气机组-名称					
	燃气机组-编号					
	燃气机组-型号					
	燃气机组-额定功率					
	燃油机组-名称					
	燃油机组-编号					
	燃油机组-型号					
	燃油机组-额定功率					
	整体煤气化联合循环发电机组（IGCC）-名称					
	整体煤气化联合循环发电机组（IGCC）-编号					
	整体煤气化联合循环发电机组（IGCC）-型号					
	整体煤气化联合循环发电机组（IGCC）-额定功率					
	燃气蒸汽联合循环发电机组（CCPP）-名称					
	燃气蒸汽联合循环发电机组（CCPP）-编号					

续表

机组名称	信息项	排放报告（核查前）	核查报告	是否一致	变化幅度	差异原因
	燃气蒸汽联合循环发电机组（CCPP）-型号					
	燃气蒸汽联合循环发电机组（CCPP）-额定功率					
	其他特殊发电机组-名称					
	其他特殊发电机组-编号					
	其他特殊发电机组-型号					
	其他特殊发电机组-额定功率					
…	…					

化石燃料燃烧排放表（C.3）

机组	信息项	数据编码	参数	单位	排放报告（核查前）	核查报告	是否一致	变化幅度	差异原因
1#机组		A	燃料消耗量	t 或 $10^4 Nm^3$					
		B	收到基元素碳含量	tC/t					
		C	燃料低位发热量	GJ/t 或 $GJ/10^4 Nm^3$					
		D	单位热值含碳量	tC/GJ					
		E	碳氧化率	%					
		F	化石燃料燃烧排放量	tCO_2					
		G	化石燃料燃烧排放量	tCO_2					
	生物质掺烧	H	生物质品种名称	/					

续表

机组	信息项	数据编码	参数	单位	排放报告（核查前）	核查报告	是否一致	变化幅度	差异原因
	生物质掺烧	I	锅炉效率	%					
	生物质掺烧	J	锅炉产热量	GJ					
	生物质掺烧	K	化石燃料热量	GJ					
	生物质掺烧	L	生物质热量占比	%					

购入使用电力排放表（C.4）

机组	信息项	数据编码	参数	单位	排放报告（核查前）	核查报告	是否一致	变化幅度	差异原因
1#机组	购入使用电量	M	购入使用电量	MW·h					
1#机组		N	电网排放因子	tCO_2/MW·h					
1#机组		O=M×N	购入使用电力排放量	tCO_2					

生产数据及排放量汇总表（C.5）

机组	数据编码	参数	单位	排放报告（核查前）	核查报告	是否一致	变化幅度	差异原因
	P	发电量	MW·h					
	Q	供热量	GJ					
	R	运行小时数	h					
1#机组	S	负荷（出力）系数	%					
	T=F（G）+O	机组二氧化碳排放量	tCO_2					

续表

机组	数据编码	参数	单位	排放报告（核查前）	核查报告	是否一致	变化幅度	差异原因
…	…	全部机组二氧化碳排放量	tCO_2					

低位发热量和元素碳含量的确定方式（C.6）

机组	信息项	参数	月份	检测方式	排放报告（核查前）	核查报告	是否一致	变化幅度	差异原因
1#机组		元素碳含量	1月	自行检测/委托检测/未实测					
		元素碳含量	2月	自行检测/委托检测/未实测					
		元素碳含量	3月	自行检测/委托检测/未实测					
		元素碳含量	…	…					
		低位发热量	1月	自行检测/委托检测/未实测					
		低位发热量	2月	自行检测/委托检测/未实测					
		低位发热量	3月	自行检测/委托检测/未实测					
		低位发热量	…	…					
…									

续表

辅助参数报告项（C.7）							
参数		单位	排放报告（核查前）	核查报告	是否一致	变化幅度	差异原因
1#机组	供热比	%					
	发电煤（气）耗	tce/MW·h 或 $10^4 Nm^3$/MW·h					
	供热煤（气）耗	tce/GJ 或 $10^4 Nm^3$/GJ					
	发电碳排放强度	tCO_2/MW·h					
	供热碳排放强度	tCO_2/GJ					
	上网电量	MW·h					
…	…						
煤种1	煤种	/					
	煤炭购入量						
	煤炭来源（产地、煤矿名称）	/					
…							

注：
1. 低位发热量和元素碳含量的确定方式（C.6）、辅助参数报告项（C.7）不要求必须核查。

附件 2：配额分配相关数据表

****（重点排放单位名称）***年配额分配相关数据表			
数据类型	信息项	单位	核查数据
基本信息	重点排放单位名称	/	
	统一社会信用代码	/	
	省	/	
	市	/	
	区县	/	
	纳入全国碳市场的行业子类	/	
1#机组	机组名称	/	
	机组编码	/	
	机组类别	/	（示例：常规燃煤/非常规燃煤/燃气/燃油/IGCC/CCPP/其他特殊发电机组）
	产品类别	/	（示例：纯凝发电/热电联产）
	燃料类型	/	（示例：燃煤、燃油、燃气）
	装机容量	MW	（示例：630）
	燃料名称	/	（示例：无烟煤、柴油、天然气）
	锅炉类型	/	（示例：循环流化床、煤粉炉）
	冷却方式	/	（示例：水冷-开式循环）
	是否合并机组	/	（示例：是、否）
	原始机组编码（是否合并机组-是）	/	（示例：编号1，编号2）
	发电量	MWh	
	生物质热量占比	%	
	低位发热量	GJ	
	机组负荷（出力）系数	%	
	经核查排放量	tCO_2	
…			

附件 3：不符合项清单

不符合项清单

序号	类别	不符合项描述	涉及的参数	受核查方原因分析	受核查方采取的纠正措施	核查结论
1						（示例：已整改符合要求/已整改不符合要求/未整改）示例：不符合要求
…						
…						

注：类别包括重点排放单位基本情况、核算边界、核算方法、核算数据、质量保证和文件存档、数据质量控制计划及执行、现场核查发现的其他问题、其他内容。

附件 4：支持性文件清单

支持性文件清单

序号	文件名称（示例）
一	**与基本信息相关的文件清单**
1.	营业执照
2.	排污许可证
3.	组织机构图
4.	电力业务许可证
5.	厂区平面图
6.	工艺流程图
7.	备案的数据质量控制计划
二	**与燃料消耗量相关的文件清单**
8.	燃煤日入炉消耗量原始记录
9.	燃煤入厂记录和台帐
10.	月度燃煤盘点表
11.	燃煤结算发票
12.	《发电生产情况月报》（盖章版）
13.	《能源购进、消费与库存表》
14.	皮带秤校验记录
15.	电子汽车衡检定证书
三	**与碳含量和低位发热量相关的文件清单**
16.	《入炉煤质报表》
17.	《煤质化验原始记录》
18.	《元素碳含量检测报告》
19.	《入炉/厂煤采制样操作手册》
20.	采样记录

续表

序号	文件名称（示例）
21.	制样记录
22.	与检测机构签订的元素碳含量检测协议
23.	电子天平检定证书
24.	碳氢分析仪维护记录
25.	入炉煤样送检记录
26.	煤样样品邮寄单据和检测费支付凭证（原件）
四	与购入电力相关的文件清单
27.	下网电量抄表记录
28.	下网电量结算单
29.	下网电量结算发票
30.	下网电量电能表检定证书
五	与生产数据相关的文件清单
31.	发电量抄表记录
32.	《上网电量结算单》
33.	发电量电能表检定报告或校准记录
34.	蒸汽流量计抄表记录
35.	运行日志
36.	供热协议
37.	电子皮带秤校验记录
38.	蒸汽流量计校验记录
……	……

企业温室气体排放核算与报告指南
发电设施

（2022 年 12 月 19 日生态环境部办公厅公布

环办气候函〔2022〕485 号）

目　录

1　适用范围

2　规范性引用文件

3　术语和定义

4　工作程序和内容

5　核算边界和排放源确定

6　化石燃料燃烧排放核算要求

7　购入使用电力排放核算要求

8　排放量计算

9　生产数据核算要求

10　数据质量控制计划

11　数据质量管理要求

12　定期报告要求

13　信息公开格式要求

附录 A　常用化石燃料相关参数缺省值

附录 B　数据质量控制计划要求

附录 C　报告内容及格式要求

附录 D　温室气体重点排放单位信息公开格式

附录 E　排放报告辅助参数计算方法

企业温室气体排放核算与报告指南　发电设施

1　适用范围

本指南规定了发电设施的温室气体排放核算边界和排放源确定、化石燃料燃烧排放核算、购入使用电力排放核算、排放量计算、生产数据核算、数据质量控制计划、数据质量管理、定期报告和信息公开格式等要求。

本指南适用于纳入全国碳排放权交易市场的发电行业重点排放单位（含自备电厂）使用燃煤、燃油、燃气等化石燃料及掺烧化石燃料的纯凝发电机组和热电联产机组等发电设施的温室气体排放核算。其他未纳入全国碳排放权交易市场的发电设施温室气体排放核算可参照本指南。

本指南不适用于单一使用非化石燃料（如纯垃圾焚烧发电、沼气发电、秸秆林木质等纯生物质发电机组，余热、余压、余气发电机组和垃圾填埋气发电机组等）发电设施的温室气体排放核算。

2　规范性引用文件

本指南内容引用了下列文件或其中的条款。凡是不注明日期的引用文件，其有效版本适用于本指南。

GB/T 211 煤中全水分的测定方法

GB/T 212 煤的工业分析方法

GB/T 213 煤的发热量测定方法

GB/T 214 煤中全硫的测定方法

GB/T 474 煤样的制备方法

GB/T 475 商品煤样人工采取方法

GB/T 476 煤中碳和氢的测定方法

GB/T 483 煤炭分析试验方法一般规定

GB/T 2589 综合能耗计算通则

GB/T 4754 国民经济行业分类

GB/T 7721 连续累计自动衡器（皮带秤）

GB/T 8984 气体中一氧化碳、二氧化碳和碳氢化合物的测定 气相色谱法

GB/T 11062 天然气 发热量、密度、相对密度和沃泊指数的计算方法

GB/T 13610 天然气的组成分析 气相色谱法

GB/T 19494.1 煤炭机械化采样 第1部分：采样方法

GB/T 19494.2 煤炭机械化采样 第2部分：煤样的制备

GB/T 19494.3 煤炭机械化采样 第3部分：精密度测定和偏倚试验

GB 21258 常规燃煤发电机组单位产品能源消耗限额

GB/T 21369 火力发电企业能源计量器具配备和管理要求

GB/T 25214 煤中全硫测定 红外光谱法

GB/T 27025 检测和校准实验室能力的通用要求

GB/T 28017 耐压式计量给煤机

GB/T 30732 煤的工业分析方法 仪器法

GB/T 30733 煤中碳氢氮的测定 仪器法

GB/T 31391 煤的元素分析

GB 35574 热电联产单位产品能源消耗限额

GB/T 35985 煤炭分析结果基的换算

DL/T 567.8 火力发电厂燃料试验方法 第 8 部分：燃油发热量的测定

DL/T 568 燃料元素的快速分析方法

DL/T 904 火力发电厂技术经济指标计算方法

DL/T 1030 煤的工业分析 自动仪器法

DL/T 1365 名词术语 电力节能

DL/T 2029 煤中全水分测定 自动仪器法

3 术语和定义

下列术语和定义适用于本指南。

3.1 温室气体 greenhouse gas

大气中吸收和重新放出红外辐射的自然和人为的气态成分，包括二氧化碳（CO_2）、甲烷（CH_4）、氧化亚氮（N_2O）、氢氟碳化物（HFCs）、全氟化碳（PFCs）、六氟化硫（SF_6）和三氟化氮（NF_3）等。本指南中的温室气体为二氧化碳（CO_2）。

3.2 温室气体重点排放单位 key emitting entity of greenhouse gas

全国碳排放权交易市场覆盖行业内年度温室气体排放量达到 2.6 万吨二氧化碳当量的温室气体排放单位，简称重点排放单位。

3.3 发电设施 power generation facilities

存在于某一地理边界、属于某一组织单元或生产过程的电力生产装置集合。

3.4 化石燃料燃烧排放 emission from fossil fuel combustion

化石燃料在氧化燃烧过程中产生的二氧化碳排放。

3.5 购入使用电力排放 emission from purchased electricity

购入使用电量所对应产生的二氧化碳排放。

3.6 活动数据 activity data

导致温室气体排放的生产或消费活动量的表征值,例如各种化石燃料消耗量、购入使用电量等。

3.7 排放因子 emission factor

表征单位生产或消费活动量的温室气体排放系数,例如每单位化石燃料燃烧所产生的二氧化碳排放量、每单位购入使用电量所对应的二氧化碳排放量等。

3.8 低位发热量 net calorific value

燃料完全燃烧,其燃烧产物中的水蒸汽以气态存在时的发热量,也称低位热值。

3.9 碳氧化率 carbon oxidation rate

燃料中的碳在燃烧过程中被完全氧化的百分比。

3.10 负荷(出力)系数 load (output) coefficient

统计期内,单元机组总输出功率平均值与机组额定功率之比,即机组利用小时数与运行小时数之比,也称负荷率。

3.11 热电联产机组 combined heat and power generation unit

同时向用户供给电能和热能的生产方式。本指南所指热电联产机组指具备发电能力,同时对外供热的发电机组。

3.12 纯凝发电机组 condensing power generation unit

蒸汽进入汽轮发电机组的汽轮机,通过其中各级叶片做功后,乏汽全部进入凝结器凝结为水的生产方式。本指南是指核准批复或备案文件中明确为纯凝发电机组,并且仅对外供电的发电机组。

3.13 母管制系统 common header system

将多台过热蒸汽参数相同的机组分别用公用管道将过热蒸汽连在一起的发电系统。

4 工作程序和内容

发电设施温室气体排放核算和报告工作内容包括核算边界和排放源确定、数据质量控制计划编制与实施、化石燃料燃烧排放核算、购入使用电力排放核算、排放量计算、生产数据信息获取、定期报告、信息公开和数据质量管理的相关要求。工作程序见图1。

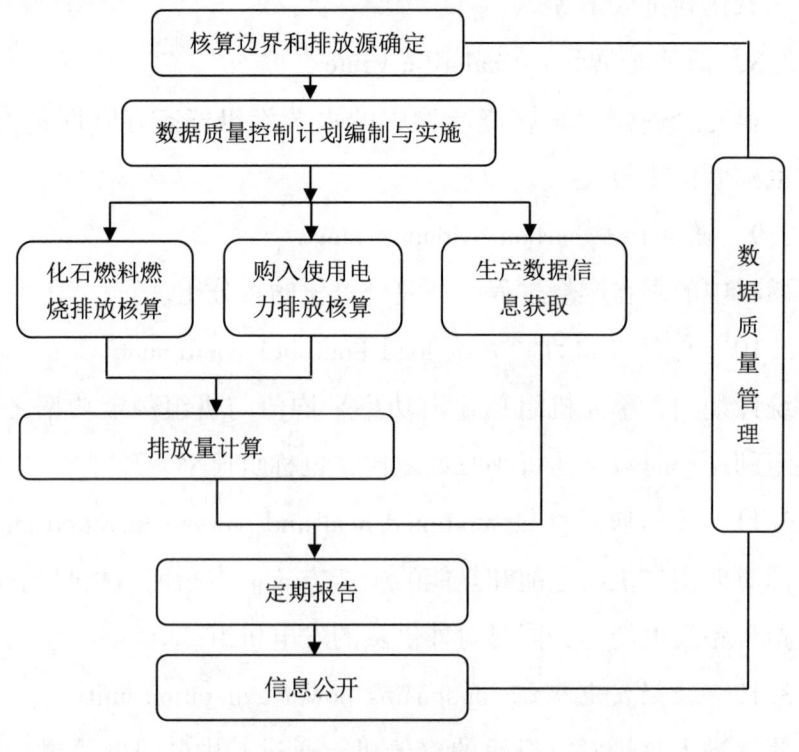

图1 工作程序

a）核算边界和排放源确定

确定重点排放单位核算边界，识别纳入边界的排放设施和排放源。排放报告应包括核算边界所包含的装置、所对应的地理边界、组织单元和生产过程。

b）数据质量控制计划编制与实施

按照各类数据测量和获取要求编制数据质量控制计划，并按照数据质量控制计划实施温室气体的测量活动。

c）化石燃料燃烧排放核算

收集活动数据、确定排放因子，计算发电设施化石燃料燃烧排放量。

d）购入使用电力排放核算

收集活动数据、确定排放因子，计算发电设施购入使用电量所对应的排放量。

e）排放量计算

汇总计算发电设施二氧化碳排放量。

f）生产数据信息获取

获取和计算发电量、供热量、运行小时数和负荷（出力）系数等生产数据和信息。

g）定期报告

定期报告温室气体排放数据及相关生产信息，存证必要的支撑材料。

h）信息公开

定期公开温室气体排放报告相关信息，接受社会监督。

i) 数据质量管理

明确温室气体数据质量管理的一般要求。

5 核算边界和排放源确定

5.1 核算边界

核算边界为发电设施，主要包括燃烧系统、汽水系统、电气系统、控制系统和除尘及脱硫脱硝等装置的集合，不包括厂区内其他辅助生产系统以及附属生产系统。发电设施核算边界如图2中虚线框内所示。

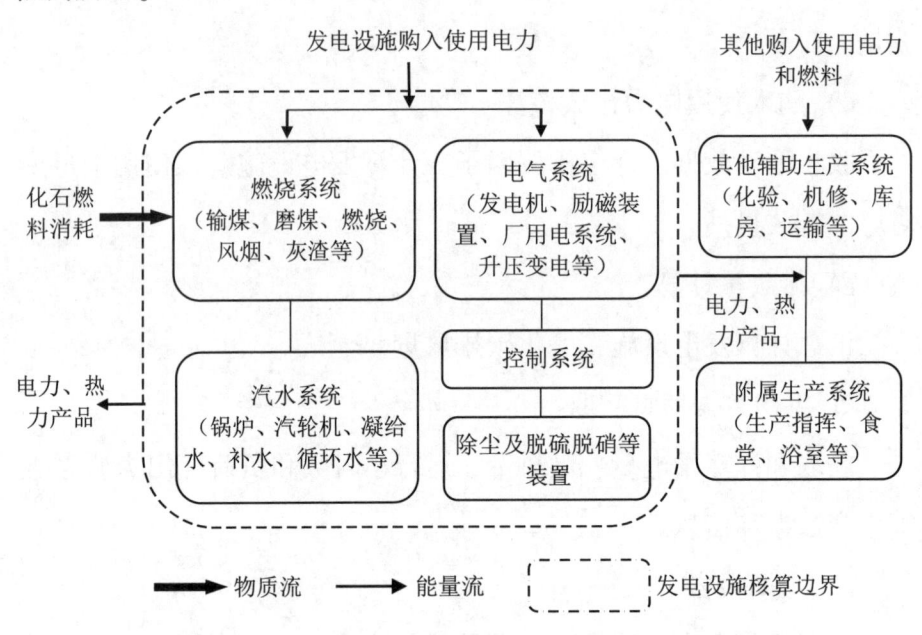

图2 核算边界示意图

5.2 排放源

发电设施温室气体排放核算和报告范围包括：化石燃料燃烧产生的二氧化碳排放、购入使用电力产生的二氧化碳排放。

a）化石燃料燃烧产生的二氧化碳排放：一般包括发电锅炉（含启动锅炉）、燃气轮机等主要生产系统消耗的化石燃料燃烧产生的二氧化碳排放，以及脱硫脱硝等装置使用化石燃料加热烟气的二氧化碳排放，不包括应急柴油发电机组、移动源、食堂等其他设施消耗化石燃料产生的排放。对于掺烧化石燃料的生物质发电机组、垃圾（含污泥）焚烧发电机组等产生的二氧化碳排放，仅统计燃料中化石燃料的二氧化碳排放。对于掺烧生物质（含垃圾、污泥）的化石燃料发电机组，应计算掺烧生物质热量占比。

b）购入使用电力产生的二氧化碳排放。

6 化石燃料燃烧排放核算要求

6.1 计算公式

6.1.1 化石燃料燃烧排放量是统计期内发电设施各种化石燃料燃烧产生的二氧化碳排放量的加和。对于开展元素碳实测的，采用公式（1）计算。

$$E_{燃烧} = \sum_{i=1}^{n}(FC_i \times C_{ar,i} \times OF_i \times \frac{44}{12}) \tag{1}$$

式中：$E_{燃烧}$ —— 化石燃料燃烧的排放量，单位为吨二氧化碳（tCO_2）；

FC_i —— 第 i 种化石燃料的消耗量，对固体或液体燃料，单位为吨（t）；对气体燃料，单位为万标准立方米（$10^4 Nm^3$）；

$C_{ar,i}$ —— 第 i 种化石燃料的收到基元素碳含量，对固体或液体燃料，单位为吨碳/吨（tC/t）；对气体燃料，单位为吨碳/万标准立方米（tC/10⁴Nm³）；

OF_i —— 第 i 种化石燃料的碳氧化率，以%表示；

44/12 —— 二氧化碳与碳的相对分子质量之比；

i —— 化石燃料种类代号。

6.1.2 对于开展燃煤元素碳实测的，其收到基元素碳含量采用公式（2）换算。

$$C_{ar} = C_{ad} \times \frac{100 - M_{ar}}{100 - M_{ad}} \quad 或 \quad C_{ar} = C_d \times \frac{100 - M_{ar}}{100} \tag{2}$$

式中：C_{ar} —— 收到基元素碳含量，单位为吨碳/吨（tC/t）；

C_{ad} —— 空气干燥基元素碳含量，单位为吨碳/吨（tC/t）；

C_d —— 干燥基元素碳含量，单位为吨碳/吨（tC/t）；

M_{ar} —— 收到基水分，采用重点排放单位测量值，以%表示；

M_{ad} —— 空气干燥基水分，采用检测样品数值，以%表示。

6.1.3 对于未开展元素碳实测的或实测不符合指南要求的，其收到基元素碳含量采用公式（3）计算。

$$C_{ar,i} = NCV_{ar,i} \times CC_i \tag{3}$$

式中：$C_{ar,i}$ —— 第 i 种化石燃料的收到基元素碳含量，对固体或液体燃料，单位为吨碳/吨（tC/t）；对气体燃料，单位为吨碳/万标准立方米（tC/10⁴Nm³）；

$NCV_{ar,i}$ —— 第 i 种化石燃料的收到基低位发热量，对固体或液体燃料，单位为吉焦/吨（GJ/t）；对气体燃料，单位为吉焦/万标准立方米（GJ/10⁴Nm³）；

CC_i —— 第 i 种化石燃料的单位热值含碳量，单位为吨碳/吉焦（tC/GJ）；

6.1.4 对于掺烧生物质（含垃圾、污泥）的，其热量占比采用公式（4）计算。

$$P_{biomass} = \frac{Q_{cr} \div \eta_{gl} - \sum_{i=1}^{n}(FC_i \times NCV_{ar,i})}{Q_{cr} \div \eta_{gl}} \times 100\% \quad (4)$$

式中：$P_{biomass}$ —— 机组的生物质掺烧热量占机组总燃料热量的比例，以%表示；

Q_{cr} —— 锅炉产热量，单位为吉焦（GJ）；

η_{gl} —— 锅炉效率，以%表示；

FC_i —— 第 i 种化石燃料的消耗量，对固体或液体燃料，单位为吨（t）；对气体燃料，单位为万标准立方米（$10^4 Nm^3$）；

$NCV_{ar,i}$ —— 第 i 种化石燃料的收到基低位发热量，对固体或液体燃料，单位为吉焦/吨（GJ/t）；对气体燃料，单位为吉焦/万标准立方米（$GJ/10^4 Nm^3$）。

锅炉效率取值为通过检验检测机构资质认定（CMA）或 CNAS 认可、且检测能力包括电站锅炉性能试验的检测机构/实验室出具的最近一次锅炉热力性能试验报告中最大负荷对应的效率测试值，报告应盖有 CMA 资质认定标志或 CNAS 认可标识章。对未开展实测或实测报告无 CMA 资质认定标志或 CNAS 认可标识章的，可采用锅炉设计说明书或锅炉运行规程中最大负荷对应的设计值。

6.2 数据的监测与获取

6.2.1 化石燃料消耗量的测定标准与优先序

6.2.1.1 燃煤消耗量应优先采用经校验合格后的皮带秤或耐

压式计量给煤机的入炉煤测量结果,采用生产系统记录的计量数据。皮带秤须采用皮带秤实煤或循环链码校验每月一次,或至少每季度对皮带秤进行实煤计量比对。不具备入炉煤测量条件的,根据每日或每批次入厂煤盘存测量数值统计,采用购销存台账中的消耗量数据。

6.2.1.2 燃油、燃气消耗量应优先采用每月连续测量结果。不具备连续测量条件的,通过盘存测量得到购销存台账中月度消耗量数据。

6.2.1.3 轨道衡、汽车衡等计量器具的准确度等级应符合 GB/T 21369 或相关计量检定规程的要求;皮带秤的准确度等级应符合 GB/T 7721 的相关规定;耐压式计量给煤机的准确度等级应符合 GB/T 28017 的相关规定。计量器具应确保在有效的检验周期内。

6.2.2 元素碳含量的测定标准与频次

6.2.2.1 燃煤元素碳含量等相关参数的测定采用表 1 中所列的方法标准。

表 1 燃煤相关项目/参数的检测方法标准

序号	项目/参数		标准名称	标准编号
1	采样	人工采样	商品煤样人工采取方法	GB/T 475
		机械采样	煤炭机械化采样 第 1 部分:采样方法	GB/T 19494.1
2	制样	人工制样	煤样的制备方法	GB/T 474
		机械制样	煤炭机械化采样 第 2 部分:煤样的制备	GB/T 19494.2

续表

序号	项目/参数		标准名称	标准编号
3	化验	全水分	煤中全水分的测定方法	GB/T 211
			煤中全水分测定 自动仪器法	DL/T 2029
		水分、灰分、挥发分	煤的工业分析方法	GB/T 212
			煤的工业分析方法 仪器法	GB/T 30732
			煤的工业分析 自动仪器法	DL/T 1030
		发热量[a]	煤的发热量测定方法	GB/T 213
		全硫	煤中全硫的测定方法	GB/T 214
			煤中全硫测定 红外光谱法	GB/T 25214
		碳	煤中碳和氢的测定方法	GB/T 476
			煤中碳氢氮的测定 仪器法	GB/T 30733
			燃料元素的快速分析方法	DL/T 568
			煤的元素分析	GB/T 31391
4	基准换算	/	煤炭分析试验方法一般规定	GB/T 483
		/	煤炭分析结果基的换算	GB/T 35985

注：[a] 应优先采用恒容低位发热量，并在各统计期保持一致。

6.2.2.2 燃煤元素碳含量可采用以下方式之一获取，应与燃煤消耗量状态一致（均为入炉煤或入厂煤），并确保采样、制样、化验和换算符合表1所列的方法标准：

a) 每日检测。采用每日入炉煤检测数据加权计算得到月度平均收到基元素碳含量，权重为每日入炉煤消耗量；

b) 每批次检测。采用每月各批次入厂煤检测数据加权计算得到入厂煤月度平均收到基元素碳含量，权重为每批次入厂煤接收量；

c）每月缩分样检测。每日采集入炉煤样品，每月将获得的日样品混合，用于检测其元素碳含量。混合前，每日样品的质量应正比于该日入炉煤消耗量且基准保持一致。

6.2.2.3 燃煤元素碳含量应于每次样品采集之后 40 个自然日内完成该样品检测，检测报告应同时包括样品的元素碳含量、低位发热量、氢含量、全硫、水分等参数的检测结果。检测报告应由通过 CMA 认定或 CNAS 认可、且检测能力包括上述参数的检测机构/实验室出具，并盖有 CMA 资质认定标志或 CNAS 认可标识章。其中的低位发热量仅用于数据可靠性的对比分析和验证。

6.2.2.4 报告值为干燥基或空气干燥基分析结果，应采用公式（2）转换为收到基元素碳含量。重点排放单位应保存不同基转换涉及水分等数据的原始记录。

6.2.2.5 燃油、燃气的元素碳含量至少每月检测，可自行检测、委托检测或由供应商提供。对于天然气等气体燃料，元素碳含量的测定应遵循 GB/T 13610 和 GB/T 8984 等相关标准，根据每种气体组分的体积浓度及该组分化学分子式中碳原子的数目计算元素碳含量。某月有多于一次实测数据时，取算术平均值为该月数值。

6.2.3 低位发热量的测定标准与频次

6.2.3.1 燃煤低位发热量的测定采用表 1 中所列的方法。重点排放单位可自行检测或委托外部有资质的检测机构/实验室进行检测。

6.2.3.2 燃煤收到基低位发热量的测定应与燃煤消耗量数据获取状态一致（均为入炉煤或入厂煤）。应优先采用每日入炉煤检测数值。不具备入炉煤检测条件的，采用每日或每批次入厂煤检测数值。已有入炉煤检测设备设施的重点排放单位，一般不应改用入厂煤检测结果。

6.2.3.3　燃煤的年度平均收到基低位发热量由月度平均收到基低位发热量加权平均计算得到，其权重是燃煤月消耗量。入炉煤月度平均收到基低位发热量由每日/班所耗燃煤的收到基低位发热量加权平均计算得到，其权重是每日/班入炉煤消耗量。入厂煤月度平均收到基低位发热量由每批次平均收到基低位发热量加权平均计算得到，其权重是该月每批次入厂煤接收量。当某日或某批次燃煤收到基低位发热量无实测时，或测定方法均不符合表1要求时，该日或该批次的燃煤收到基低位发热量应取 26.7 GJ/t。生态环境部另有规定的，按其规定执行。

6.2.3.4　燃油、燃气的低位发热量应至少每月检测，可自行检测、委托检测或由供应商提供，遵循 DL/T 567.8、GB/T 13610 或 GB/T 11062 等相关标准。检测天然气低位发热量的压力和温度依据 DL/T 1365 采用 101.325kPa、20℃的燃烧和计量参比条件，或参照 GB/T 11062 中的换算系数计算。燃油、燃气的年度平均低位发热量由每月平均低位发热量加权平均计算得到，其权重为每月燃油、燃气消耗量。某月有多于一次实测数据时，取算术平均值为该月数值。无实测时采用本指南附录 A 规定的各燃料品种对应的缺省值。

6.2.4　单位热值含碳量的取值

6.2.4.1　未开展燃煤元素碳实测或实测不符合 6.2.2 要求的，单位热值含碳量取 0.03085 tC/GJ（不含非常规燃煤机组）。未开展燃煤元素碳实测或实测不符合 6.2.2 要求的非常规燃煤机组，单位热值含碳量取 0.02858 tC/GJ。

6.2.4.2　未开展燃油、燃气元素碳实测或实测不符合 6.2.2 要求的，单位热值含碳量采用本指南附录 A 规定的各燃料品种对应的缺省值。

6.2.4.3　生态环境部另有规定的，按其规定执行。

6.2.5　碳氧化率的取值

6.2.5.1　燃煤的碳氧化率取 99%。

6.2.5.2　燃油和燃气的碳氧化率采用附录 A 中各燃料品种对应的缺省值。

7　购入使用电力排放核算要求

7.1　计算公式

对于购入使用电力产生的二氧化碳排放，采用公式（5）计算。

$$E_{电} = AD_{电} \times EF_{电} \qquad (5)$$

式中：$E_{电}$ —— 购入使用电力产生的排放量，单位为吨二氧化碳（tCO_2）；

　　　$AD_{电}$ —— 购入使用电量，单位为兆瓦时（MW·h）；

　　　$EF_{电}$ —— 电网排放因子，单位为吨二氧化碳/兆瓦时（tCO_2/MW·h）。

7.2　数据的监测与获取优先序

7.2.1　购入使用电量按以下优先序获取：

a) 根据电表记录的读数统计；

b) 供应商提供的电费结算凭证上的数据。

7.2.2　电网排放因子采用生态环境部最新发布的数值。

8 排放量计算

发电设施二氧化碳年度排放量等于当年各月排放量之和。各月二氧化碳排放量等于各月度化石燃料燃烧排放量和购入使用电力产生的排放量之和，采用公式（6）计算。

$$E = E_{燃烧} + E_{电} \quad (6)$$

式中：E —— 发电设施二氧化碳排放量，单位为吨二氧化碳（tCO_2）；

$E_{燃烧}$ —— 化石燃料燃烧排放量，单位为吨二氧化碳（tCO_2）；

$E_{电}$ —— 购入使用电力产生的排放量，单位为吨二氧化碳（tCO_2）。

9 生产数据核算要求

9.1 发电量

发电量是指统计期内从发电机端输出的总电量，采用计量数据。

9.2 供热量

9.2.1 计算公式

供热量为锅炉不经汽轮机直供蒸汽热量、汽轮机直接供热量与汽轮机间接供热量之和，不含烟气余热利用供热。采用公式（7）和（8）计算。其中 Q_{zg} 和 Q_{jg} 计算方法参考 DL/T 904 中相关要求。

$$Q_{gr} = \sum Q_{gl} + \sum Q_{jz} \quad (7)$$

$$\sum Q_{jz} = \sum Q_{zg} + \sum Q_{jg} \quad (8)$$

式中：Q_{gr} —— 供热量，单位为吉焦（GJ）；

ΣQ_{gl} —— 锅炉不经汽轮机直接或经减温减压后向用户提供热量的直供蒸汽热量之和，单位为吉焦（GJ）；

ΣQ_{jz} —— 汽轮机向外供出的直接供热量和间接供热量之和，单位为吉焦（GJ）；

ΣQ_{zg} —— 由汽轮机直接或经减温减压后向用户提供的直接供热量之和，单位为吉焦（GJ）；

ΣQ_{jg} —— 通过热网加热器等设备加热供热介质后间接向用户提供热量的间接供热量之和，单位为吉焦（GJ）。

9.2.2 数据的监测与获取

9.2.2.1 对外供热是指向除发电设施汽水系统（除氧器、低压加热器、高压加热器等）之外的热用户供出的热量。

9.2.2.2 依据 DL/T 1365，供热量为供热计量点供出工质的焓减去返回工质的焓乘以相应流量。供热存在回水时，计算供热量应扣减回水热量。

9.2.2.3 蒸汽及热水温度、压力数据按以下优先序获取：

a）计量或控制系统的实际监测数据，采用月度算术平均值，或运行参数范围内经验值；

b）相关技术文件或运行规程规定的额定值。

9.2.2.4 供热量数据应每月进行计量并记录，年度值为每月数据累计之和，按以下优先序获取：

a）直接计量的热量数据，优先采用热源侧计量数据；

b）结算凭证上的数据。

9.2.3 热量的单位换算

以质量单位计量的蒸汽可采用公式（9）转换为热量单位。

$$AD_{st} = Ma_{st} \times (En_{st} - 83.74) \times 10^{-3} \quad (9)$$

式中：AD_{st} —— 蒸汽的热量，单位为吉焦（GJ）；

Ma_{st} —— 蒸汽的质量，单位为吨蒸汽（t）；

En_{st} —— 蒸汽所对应的温度、压力下每千克蒸汽的焓值，取值参考相关行业标准，单位为千焦/千克（kJ/kg）；

83.74 —— 水温为20℃时的焓值，单位为千焦/千克（kJ/kg）。

以质量单位计量的热水可采用公式（10）转换为热量单位。

$$AD_w = Ma_w \times (T_w - 20) \times 4.1868 \times 10^{-3} \quad (10)$$

式中：AD_w —— 热水的热量，单位为吉焦（GJ）；

Ma_w —— 热水的质量，单位为吨（t）；

T_w —— 热水的温度，单位为摄氏度（℃）；

20 —— 常温下水的温度，单位为摄氏度（℃）；

4.1868 —— 水在常温常压下的比热，单位为千焦/（千克·摄氏度）（kJ/(kg·℃)）。

9.3 运行小时数和负荷（出力）系数

9.3.1 计算公式

运行小时数和负荷（出力）系数采用生产数据。合并填报时采用公式（11）和（12）计算。

$$t = \frac{\sum_{i=1}^{n}(t_i \times Pe_i)}{\sum_{i=1}^{n} Pe_i} \quad (11)$$

$$X = \frac{\sum_{i}^{n} w_{fdi}}{\sum_{i=1}^{n}(Pe_i \times t_i)} \quad (12)$$

式中：
- t — 运行小时数，单位为小时（h）；
- X — 负荷（出力）系数，以%表示；
- W_{fd} — 发电量，单位为兆瓦时（MW·h）；
- P_e — 机组容量，单位为兆瓦（MW），应以发电机实际额定功率为准，可采用排污许可证载明信息、机组运行规程、铭牌等进行确认；
- i — 机组代号。

9.3.2 数据的监测与获取

9.3.2.1 运行小时数和负荷（出力）系数按以下优先序获取：

a) 企业生产系统数据；

b) 企业统计报表数据。

9.3.2.2 核算合并填报发电机组的负荷（出力）系数时，备用机组的运行小时数可计入被调剂机组的运行小时数中。

10 数据质量控制计划

10.1 数据质量控制计划的内容

重点排放单位应按照本指南中各类数据监测与获取要求，结合现有测量能力和条件，制定数据质量控制计划，并按照附录 B 的格式要求进行填报。数据质量控制计划中所有数据的计算方式与获取方式应符合本指南的要求。

数据质量控制计划应包括以下内容：

a) 数据质量控制计划的版本及修订情况；

b) 重点排放单位情况：包括重点排放单位基本信息、主营产品、生产工艺、组织机构图、厂区平面分布图、工艺流程图等；

c) 按照本指南确定的实际核算边界和主要排放设施情况：包括核算边界的描述，设施名称、类别、编号、位置，以及多台机组拆分与合并填报情况等；

d) 煤炭元素碳含量、低位发热量等参数检测的采样、制样方案：其中，采样方案包括采样依据、采样点、采样频次、采样方式、采样质量和记录等；制样方案包括制样方法、缩分方法、制样设施、煤样保存和记录等；

e) 数据的确定方式应包括：

1) 参数：明确所有监测的参数名称和单位；

2) 参数获取：明确参数获取方式、频次，涉及的计算方法，是否采用实测或缺省值。对委外实测的，应明确具体委托协议方式及相关参数的检测标准；

3) 测量设备：明确测量设备的数量、型号、编号、精度、位置、测量频次、检定/校准频次以及所依据的检定/校准技术规范。明确测量设备的内部管理规定等；

4) 数据记录频次：明确各项参数数据记录频次；

5) 数据缺失处理：明确数据缺失处理方式，处理方式应基于审慎性原则且符合生态环境部相关规定；

6) 负责部门：明确各项数据监测、流转、记录、分析等环节管理部门。

f) 数据内部质量控制和质量保证相关规定应包括以下内容：

1) 建立内部管理制度和质量保障体系，包括明确排放相关计量、检测、核算、报告和管理工作的负责部门及其职责、具体工作要求、工作流程等。指定专职人员负责温室气体排放核算和报告

工作;

2) 建立内审制度,确保提交的排放报告和支撑材料符合技术规范、内部管理制度和质量保障要求;

3) 建立原始凭证和台账记录管理制度,规范排放报告和支撑材料的登记、保存和使用。

10.2 数据质量控制计划的修订

重点排放单位在以下情况下应按照生态环境部规定的时限内对数据质量控制计划进行修订,修订内容应符合实际情况并满足本指南的要求:

a) 排放设施发生变化或使用计划中未包括的新燃料或物料而产生的排放;

b) 采用新的测量仪器和方法,使数据的准确度提高;

c) 发现之前采用的测量方法所产生的数据不正确;

d) 发现更改计划可提高报告数据的准确度;

e) 发现计划不符合本指南核算和报告的要求;

f) 生态环境部明确的其他需要修订的情况。

10.3 数据质量控制计划的执行

重点排放单位应严格按照数据质量控制计划实施温室气体的测量活动,并符合以下要求:

a) 发电设施基本情况与计划描述一致;

b) 核算边界与计划中的核算边界和主要排放设施一致;

c) 所有活动数据、排放因子和生产数据能够按照计划实施测量;

d) 煤炭的采样、制样、检测化验能够按照计划实施;

e）测量设备得到了有效的维护和校准，维护和校准能够符合计划、核算标准、国家要求、地区要求或设备制造商的要求，否则应采取符合保守原则的处理方法；

f）测量结果能够按照计划中规定的频次记录；

g）数据缺失时的处理方式能够与计划一致；

h）数据内部质量控制和质量保证程序能够按照计划实施。

11 数据质量管理要求

重点排放单位应加强发电设施温室气体排放数据质量管理工作，包括但不限于：

a）委托检测机构/实验室检测燃煤元素碳含量、低位发热量等参数时，应确保符合 6.2.2 和 6.2.3 的相关要求。检测报告应载明收到样品时间、样品对应的月份、样品测试标准、收到样品重量和测试结果对应的状态（干燥基或空气干燥基）；

b）应保留检测机构/实验室出具的检测报告及相关材料备查，包括但不限于样品送检记录、样品邮寄单据、检测机构委托协议及支付凭证、咨询服务机构委托协议及支付凭证等；

c）积极改进自有实验室管理，满足 GB/T 27025 对人员、设施和环境条件、设备、计量溯源性、外部提供的产品和服务等资源要求的规定，确保使用适当的方法和程序开展取样、检测、记录和报告等实验室活动。鼓励重点排放单位对燃煤样品的采样、制样和化验的全过程采用影像等可视化手段，保存原始记录备查。鼓励重点排放单位自有实验室获得 CNAS 认可；

d）所有涉及本指南中元素碳含量、低位发热量检测的煤样，应留存每日或每班煤样，从报出结果之日起保存2个月备查；月缩分煤样应从报出结果之日起保存12个月备查。煤样的保存应符合 GB/T 474 或 GB/T 19494.2 中的相关要求；

e）定期对计量器具、检测设备和测量仪表进行维护管理，并记录存档；

f）建立温室气体数据内部台账管理制度。台账应明确数据来源、数据获取时间及填报台账的相关责任人等信息。排放报告所涉及数据的原始记录和管理台账应至少保存五年，确保相关排放数据可被追溯。委托的检测机构/实验室应同时符合本指南和资质认可单位的相关规定；

g）建立温室气体排放报告内部审核制度。定期对温室气体排放数据进行交叉校验，对可能产生的数据误差风险进行识别，并提出相应的解决方案；

h）规定了优先序的各参数，应按照规定的优先级顺序选取，在之后各核算年度的获取优先序一般不应降低；

i）鼓励有条件的重点排放单位加强样品自动采集与分析技术应用，采取创新技术手段，加强原始数据防篡改管理。

12 定期报告要求

12.1 排放报告格式要求

排放报告包括以下基本内容，报告模板见附录C。

a）重点排放单位基本信息

单位名称、统一社会信用代码、排污许可证编号等基本信息。

b）机组及生产设施信息

每台机组的燃料类型、燃料名称、机组类别、装机容量、汽轮机排汽冷却方式，以及锅炉、汽轮机、发电机、燃气轮机等主要生产设施的名称、编号、型号等相关信息。

c）活动数据和排放因子

化石燃料消耗量、元素碳含量、低位发热量、单位热值含碳量、机组购入使用电量和电网排放因子数据。

d）生产相关信息

发电量、供热量、运行小时数、负荷（出力）系数等数据。

12.2 排放报告存证要求

a）燃料消耗量：通过生产系统记录的，提供每日/每月原始记录；通过购销存台账统计的，提供月度生产报表、购销存记录或结算凭证；

b）燃煤低位发热量：自行检测的，提供每日/每月燃料检测记录或煤质分析原始记录。委托检测的，提供有资质的检测机构/实验室出具的检测报告，报告加盖 CMA 资质认定标志或 CNAS 认可标识章。报送提交的原始检测记录中应明确显示检测依据（方法标准）、检测设备、检测人员和检测结果。对于每月进行加权计算的燃料低位发热量，提供体现加权计算过程的 Excel 计算表；

c）燃煤元素碳含量：自行检测的，提供每日/每月燃料检测记录或煤质分析原始记录，报告加盖 CMA 资质认定标志或 CNAS 认可标识章。委托检测的，提供有资质的检测机构/实验室出具的检测报告，报告加盖 CMA 资质认定标志或 CNAS 认可标识章。报送提交的原始检测记录中应明确显示检测依据（方法标准）、检测设备、检测人员和检测结果。提供每日收到基水分检测记录和体现月度收到基水分加权计算过程的 Excel 计算表；

d) 燃油、燃气低位发热量与元素碳含量：提供每月检测记录或检测报告；

e) 购入使用电量：采用电表记录读数的，提供每月电量统计原始记录；采用电费结算凭证上数据的，提供每月电费结算凭证；

f) 发电量：提供每月生产报表或台账记录；

g) 供热量：采用直接计量数据的，提供每月生产报表或台账记录，以及 Excel 计算表；采用结算数据的，提供结算凭证和 Excel 计算表；

h) 运行小时数和负荷（出力）系数：提供生产报表或台账记录；

i) 对于掺烧生物质机组，提供每月锅炉产热量生产报表或台账记录，锅炉效率检测报告，锅炉效率未实测时提供锅炉设计说明书或锅炉运行规程；

j) 排放报告辅助参数：供热比、发电煤（气）耗、供热煤（气）耗、发电碳排放强度、供热碳排放强度、上网电量，相关参数计算方法可参考本指南附录 E，提供每月生产报表、台账记录和 Excel 计算表；煤种、煤炭购入量和煤炭来源（产地、煤矿名称），提供每月企业记录或供应商证明等。

13 信息公开格式要求

重点排放单位信息公开包括以下内容，并按照附录 D 的格式要求填报。

a）基本信息

单位名称、统一社会信用代码、法定代表人姓名、生产经营场所地址、行业分类、纳入全国碳市场的行业子类等信息。

b）机组及生产设施信息

燃料类型、燃料名称、机组类别、装机容量、锅炉类型、汽轮机类型、汽轮机排汽冷却方式、负荷（出力）系数等信息。

c）元素碳含量和低位发热量的确定方式

自行检测的应公开检测设备、检测频次、设备校准频次和测定方法标准信息；委托检测的应公开委托机构名称、检测报告编号、检测日期和测定方法标准信息；未实测的应公开所选取的缺省值。

d）排放量信息

全部机组二氧化碳排放总量。

e）生产经营变化情况

合并、分立、关停或搬迁等情况；发电设施地理边界变化情况；主要生产运营系统关停或新增项目生产等情况；其他较上一年度变化情况。

f）受委托编制温室气体排放报告的技术服务机构情况

受委托编制本年度温室气体排放报告的技术服务机构名称和统一社会信用代码。

g）受委托提供煤质分析报告的检验检测机构情况

受委托提供本年度煤质分析报告的检验检测机构/实验室名称及统一社会信用代码。

附录 A
常用化石燃料相关参数缺省值

能源名称	计量单位	低位发热量[f] （GJ/t，GJ/10^4Nm^3）	单位热值含碳量 （tC/GJ）	碳氧化率 （%）
原油	t	41.816[a]	0.02008[b]	98[b]
燃料油	t	41.816[a]	0.0211[b]	
汽油	t	43.070[a]	0.0189[b]	
煤油	t	43.070[a]	0.0196[b]	
柴油	t	42.652[a]	0.0202[b]	
其它石油制品	t	41.031[d]	0.0200[c]	
液化石油气	t	50.179[a]	0.0172[c]	
液化天然气	t	51.498[e]	0.0172[c]	
炼厂干气	t	45.998[a]	0.0182[c]	
天然气	10^4Nm^3	389.31[a]	0.01532[b]	99[b]
焦炉煤气	10^4Nm^3	173.54[d]	0.0121[c]	
高炉煤气	10^4Nm^3	33.00[d]	0.0708[c]	
转炉煤气	10^4Nm^3	84.00[d]	0.0496[c]	
其它煤气	10^4Nm^3	52.27[a]	0.0122[c]	

注：[a] 数据取值来源为《中国能源统计年鉴 2021》。
　　[b] 数据取值来源为《省级温室气体清单编制指南（试行）》。
　　[c] 数据取值来源为《2006 年 IPCC 国家温室气体清单指南》。
　　[d] 数据取值来源为《中国温室气体清单研究》。
　　[e] 数据取值来源为 GB/T 2589《综合能耗计算通则》。
　　[f] 根据国际蒸汽表卡换算，本指南热功当量值取 4.1868 kJ/kcal。

附录 B

数据质量控制计划要求

B.1 数据质量控制计划的版本及修订

版本号	制定（修订）时间	首次制定或修订原因	修订说明

B.2 重点排放单位情况

1. 单位简介
（包括成立时间、所有权状况、法定代表人、组织机构图和厂区平面分布图等）
2. 主营产品及生产工艺
（包括主营产品的名称及产品代码、发电与供热工艺流程图及工艺流程描述，直接供热或间接供热方式，标明发电量、供热量和上网电量计量表安装位置等）
3. 排放设施信息
（列明核算边界内的机组和核算边界外的机组，包括在用、停用和未纳入碳排放核算边界内所有锅炉、汽轮机、燃气轮机、发电机等排放设施的名称、编号、位置等）

B.3 核算边界和主要排放设施描述

1. 核算边界的描述
（包括核算边界内的装置、所对应的地理边界、组织单元和生产过程等）

续表

2. 多台机组拆分与合并填报描述

（包括多台机组的拆分情形、拆分方法、拆分后相关参数的获取方式；合并填报情形、单台机信息等）

多于1台机组的，应对单台机组进行计量和填报。对于以下特殊情形，填报说明如下：

（1）无法分机组计量排放量或配额相关参数的拆分处理方式：

a) 对于核算边界内机组与核算边界外机组的表取方式无法分开的，应明确拆分方法并详细列明核算边界内机组的获取方式后单独填报；

b) 对于人入炉煤消耗量无法分机组计量但汽轮机进汽量有单独计量的，应按照汽轮机进汽量比例拆分各机组燃煤消耗量后单独填报；

c) 机组辅助燃料量无法拆分填报的，可以按照以下方式合并填报：

（2）对于不属于上述拆分填报情况的，可以按照以下方式进行填报：

a) CCPP机组视为一台机组进行填报；

b) 对于锅炉直供热量无法分机组单独计量供热量的；

c) 对于无法分机组计量供热量也有非常规燃煤锅炉通过母管制供汽的，应逐一列明单台机组的类别、装机容量、汽轮机排气冷却方式等信息。合并填报机组中，既有常规燃煤锅炉也有非常规燃煤锅炉的，当非常规燃煤锅炉产热量为总产热量80%及以上时可按照非常规燃煤机组填报。

3. 主要排放设施

机组名称	设施类别	设施编号	设施名称	排放设施安装位置	是否纳入核算边界	备注
（1#机组）	（锅炉）	（MF143）	（煤粉锅炉）	（二厂区第三车间东）	（是）	

续表

B.4 数据的确定方式

机组名称	参数名称	单位	数据的确定方法及获取方式		测量设备（适用于数据获取方式来源于实测值）					数据记录频次	数据缺失时的处理方式	数据获取负责部门
			获取方式*2	确定方法	测量设备及型号	测量设备安装位置	测量频次	测量设备精度	规定的测量检定/设备校准频次			
1#机组	二氧化碳排放量	tCO₂	计算值									
	化石燃料燃烧排放量	tCO₂										
	燃煤品种i消耗量	t										
	燃煤品种i元素碳含量	tC/t	/	/	/	/	/	/	/	/	/	/
	燃煤品种i低位发热量	GJ/t										
	燃煤品种i单位热值含碳量	tC/GJ	缺省值	/	/	/	/	/	/	/	/	/
	燃煤品种i碳氧化率	%	缺省值	/	/	/	/	/	/	/	/	/
	燃油品种i消耗量	t										
	燃油品种i元素碳含量	tC/t										
	燃油品种i低位发热量	GJ/t										

续表

		项目	单位						
		燃油品种i单位热值含碳量	tC/GJ		/	/	/	/	/
		燃油品种i碳氧化率	%	缺省值					
		燃气品种i消耗量	$10^4 Nm^3$						
		燃气品种i元素碳含量	$tC/10^4 Nm^3$						
		燃气品种i低位发热量	$GJ/10^4 Nm^3$						
		燃气品种i单位热值含碳量	tC/GJ		/	/	/	/	/
		燃气品种i碳氧化率	%	缺省值					
		购入使用电力排放量	tCO_2	计算值					
1#机组		购入使用电量	MW·h						
		电网排放因子	$tCO_2/MW·h$	缺省值					
		发电量	MW·h						
		供热量	GJ						
		运行小时数	h						
		负荷（出力）系数	%						
		全部机组二氧化碳排放总量	tCO_2						

续表

B.5 煤炭元素碳含量、低位发热量等参数检测的采样、制样方案	1. 采样方案 （包括每台机组的采样依据、采样点、采样频次、采样方式、采样质量和记录等） 2. 制样方案 （包括每台机组的制样方法、缩分方法、制样设施、煤样保存和记录等）
B.6 数据内部质量控制和质量保证相关规定	1. 内部管理制度和质量保障体系 （包括明确排放相关计量、检测、核算、报告和管理工作的负责部门及其职责，指定专职人员负责温室气体排放核算和报告工作等） 2. 内审制度 （确保提交的排放报告和支撑材料符合技术规范、内部管理制度和质量保障要求等） 3. 原始凭证和台账记录管理制度 （规范排放报告和支撑材料的登记、保存和使用）

*1 如果报告数据是由若干个参数通过一定的计算方法计算得出，需要填写计算公式以及计算公式中的每一个参数的获取方式。

*2 方式类型包括：实测值、缺省值、计算值、其他。

附录 C
报告内容及格式要求

企业温室气体排放报告
发电设施

重点排放单位（盖章）：

报告年度：

编制日期：

根据生态环境部发布的《企业温室气体排放核算与报告指南 发电设施》相关要求，本单位核算了年度温室气体排放量并填写了如下表格：

附表 C.1 重点排放单位基本信息

附表 C.2 机组及生产设施信息

附表 C.3 化石燃料燃烧排放表

附表 C.4 购入使用电力排放表

附表 C.5 生产数据及排放量汇总表

附表 C.6 元素碳含量和低位发热量的确定方式

附表 C.7 辅助参数报告项

声明

本单位对本报告的真实性、完整性、准确性负责。如本报告中的信息及支撑材料与实际情况不符，本单位愿承担相应的法律责任，并承担由此产生的一切后果。

特此声明。

法定代表人（或授权代表）：
重点排放单位（盖章）：
年/月/日

附表 C.1 重点排放单位基本信息

重点排放单位名称	
统一社会信用代码	
单位性质（营业执照）	
法定代表人姓名	
注册日期	
注册资本（万元人民币）	
注册地址	
生产经营场所地址（省、市、县详细地址）	
发电设施经纬度	
报告联系人	
联系电话	
电子邮箱	
报送主管部门	
行业分类	发电行业
纳入全国碳市场的行业子类[*1]	4411（火力发电） 4412（热电联产） 4417（生物质能发电）
生产经营变化情况	至少包括： a) 重点排放单位合并、分立、关停或搬迁情况； b) 发电设施地理边界变化情况； c) 主要生产运营系统关停或新增项目生产等情况； d) 较上一年度变化，包括核算边界、排放源等变化情况。

续表

本年度编制温室气体排放报告的技术服务机构名称[*2]	
本年度编制温室气体排放报告的技术服务机构统一社会信用代码	
本年度提供煤质分析报告的检验检测机构/实验室名称	
本年度提供煤质分析报告的检验检测机构/实验室统一社会信用代码	

填报说明：

[*1] 行业代码应按照国家统计局发布的国民经济行业分类 GB/T 4754 要求填报。自备电厂为法人或视同法人独立核算单位的，按其所属行业代码填写。自备电厂为非独立核算单位的，需要按其法人所属行业代码填写。

[*2] 编制温室气体排放报告的技术服务机构是指为重点排放单位提供本年度碳排放核算、报告编制或碳资产管理等咨询服务机构，不包括开展碳排放核查/复查的机构。

附表 C.2　机组及生产设施信息

机组名称	信息项			填报内容
1#机组	燃料类型*1			（示例：燃煤、燃油、燃气）明确具体种类
	燃料名称			（示例：无烟煤、柴油、天然气）
	机组类别*2			（示例：常规燃煤机组）
	装机容量（MW）*3			（示例：630）
	燃煤机组	锅炉	锅炉名称	（示例：1#锅炉）
			锅炉类型	（示例：煤粉炉）
			锅炉编号*4	（示例：MF001）
			锅炉型号	（示例：HG-2030/17.5-YM）
			生产能力（t/h）	（示例：2030）
		汽轮机	汽轮机名称	（示例：1#）
			汽轮机类型	（示例：抽凝式）
			汽轮机编号	（示例：MF002）
			汽轮机型号	（示例：N630-16.7/538/538）
			压力参数*5	（示例：中压）
			额定功率（MW）	（示例：630）
			汽轮机排汽冷却方式*6	（示例：水冷-开式循环）
		发电机	发电机名称	（示例：1#）
			发电机编号	（示例：MF003）
			发电机型号	（示例：QFSN-630-2）
			额定功率（MW）	（示例：630）
	燃气机组		名称/编号/型号/额定功率	
	燃气蒸汽联合循环发电机组（CCPP）		名称/编号/型号/额定功率	
	燃油机组		名称/编号/型号/额定功率	
	整体煤气化联合循环发电机组（IGCC）		名称/编号/型号/额定功率	
	其他特殊发电机组		名称/编号/型号/额定功率	
...				

填报说明：

*1 燃料类型按照燃煤、燃油或者燃气划分，可采用机组运行规程或铭牌信息等进行确认。

*2 对于燃煤机组，机组类别指常规燃煤机组或非常规燃煤机组，并注明是否循环流化床机组、IGCC机组；对于燃气机组，机组类别指：B级、E级、F级、H级、分布式等，可采用排污许可证载明信息、机组运行规程、铭牌等进行确认。

*3 以发电机实际额定功率为准，可采用排污许可证载明信息、机组运行规程、铭牌等进行确认。

*4 锅炉、汽轮机、发电机等主要设施的编号统一采用排污许可证中对应编码。

*5 对于燃煤机组，压力参数指：中压、高压、超高压、亚临界、超临界、超超临界。

*6 汽轮机排汽冷却方式是指汽轮机凝汽器的冷却方式，可采用机组运行规程或铭牌信息等进行填报。冷却方式为水冷的，应明确是否为开式循环或闭式循环；冷却方式为空冷的，应明确是否为直接空冷或间接空冷。对于背压机组、内燃机组等特殊发电机组，仅需注明，不填写冷却方式。

附表 C.3 化石燃料燃烧排放表

机组[*1]		参数[*2][*3]	单位	1月	2月	3月	4月	5月	6月	7月	8月	9月	10月	11月	12月	全年[*4]
1#机组		A 燃料消耗量	t 或 $10^4 Nm^3$													(合计值)
		B 收到基碳元素含量	tC/t													(加权平均值)
		C 燃料低位发热量	GJ/t 或 $GJ/10^4 Nm^3$													(加权平均值)
		D 单位热值含碳量	tC/GJ													缺省值
		E 碳氧化率	%													缺省值
		F=A×B× E×44/12 或 G=A×C× D×E×44/12 化石燃料燃烧排放量	tCO_2													(合计值)
	掺烧生物质的机组	H 掺烧生物质品种名称	/													
		I 锅炉效率	%													(加权平均值)
		J 锅炉产热量	GJ													(合计值)
		K=Σ A×C 化石燃料热量	GJ													(合计值)
		L=(J/I-K)/(J/I) 生物质量占比	%													(加权平均值)
...																

填报说明：

*1 如果机组数多于 1 个，应分别填报。对于有多种燃料类型的，按不同燃料类型分机组进行填报。

*2 各参数按照指南给出的方式计算和获取。对于燃料低位发热量，应与燃料消耗量的状态一致，优先采用实测值。

*3 各参数按四舍五入保留小数位如下：

a) 燃煤、燃油消耗量单位为 t，燃气消耗量单位为 $10^4 Nm^3$，保留到小数点后两位；

b) 燃煤、燃油低位发热量单位为 GJ/t，燃气低位发热量单位为 $GJ/10^4 Nm^3$，保留到小数点后三位；

c) 收到基元素碳含量单位为 tC/t，保留到小数点后四位；

d) 单位热值含碳量单位为 tC/GJ，保留到小数点后五位；

e) 化石燃料燃烧排放量单位为 tCO_2，保留到小数点后两位；

f) 锅炉效率以%表示，保留到小数点后一位；

g) 锅炉产热量单位为 GJ，保留到小数点后两位；

h) 化石燃料热量单位为 GJ，保留到小数点后两位；

i) 生物质热量占比以%表示，保留到小数点后一位。

附表 C.4 购入使用电力排放表

机组[*1]	参数[*2]	单位	1月	2月	3月	4月	5月	6月	7月	8月	9月	10月	11月	12月	全年[*5]
1#机组	M 购入使用电量[*3]	MW·h													（合计值）
	N 电网排放因子	$tCO_2/MW·h$													（缺省值）
	O=M×N 购入使用电力排放量[*4]	tCO_2													（合计值）
...															

填报说明：

[*1] 如果机组数多于1个，应分别填报。
[*2] 如果购入使用电量无法分机组，可按机组数目平分。
[*3] 购入使用电量单位为MW·h，四舍五入保留到小数点后三位。
[*4] 购入使用电力对应的排放量单位为tCO_2，四舍五入保留到小数点后两位。

附表 C.5 生产数据及排放量汇总表

机组[1]	参数[2]		单位	1月	2月	3月	4月	5月	6月	7月	8月	9月	10月	11月	12月	全年
1#机组	P	发电量	MW·h													（合计值）
	Q	供热量	GJ													（合计值）
	R	运行小时数	h													（合计值或计算值）
	S	负荷（出力）系数	%													（计算值）
	T=F(G)+O	机组二氧化碳排放量	tCO_2													（合计值）
…		全部机组二氧化碳排放总量	tCO_2													（合计值）

填报说明：

*1 如果机组数多于1个，应分别填报。

*2 各参数按四舍五入保留小数位如下：

a) 电量单位为MW·h，保留到小数点后三位；

b) 热量单位为GJ，保留到小数点后两位；

c) 焓值单位为kJ/kg，保留到小数点后两位；

d) 运行小时数单位为h，保留到小数点后两位；

e) 负荷（出力）系数以%表示，保留到小数点后两位；

f) 机组二氧化碳排放量单位为tCO_2，四舍五入保留整数位。

附表 C.6 元素碳含量和低位发热量的确定方式

机组	参数	月份	自行检测				委托检测				未实测
			检测设备	检测频次	设备校准频次	测定方法标准	委托机构名称	检测报告编号	检测日期	测定方法标准	缺省值
1#机组	元素碳含量	1月									
		2月									
		3月									
		…									
	低位发热量	1月									
		2月									
		3月									
…		…									

附表 C.7 辅助参数报告项

	参数	单位	1月	2月	3月	4月	5月	6月	7月	8月	9月	10月	11月	12月
1#机组	供热比	%												
	发电煤（气）耗	tce/MW·h 或 10^4Nm^3/MW·h												
	供热煤（气）耗	tce/GJ 或 10^4Nm^3/GJ												
	发电碳排放强度	tCO$_2$/MW·h												
	供热碳排放强度	tCO$_2$/GJ												
	上网电量	MW·h												
…														
煤种1	煤种	/												
	煤炭购入量	/												
	煤炭来源（产地、煤矿名称）	/												
…														

附录 D

温室气体重点排放单位信息公开格式

D.1 基本信息

重点排放单位名称	
统一社会信用代码	
法定代表人姓名	
生产经营场所地址及邮政编码(省、市、县,详细地址)	
行业分类	
纳入全国碳市场的行业子类	

D.2 机组及生产设施信息

机组名称	信息项	内容
1#机组*1	燃料类型	如:燃煤
	机组类别	如:非常规燃煤机组
	装机容量(MW)	如:300
	锅炉类型	如:循环流化床锅炉
	汽轮机排汽冷却方式	如:水冷
...		

续表

D.3 元素碳含量和低位发热量的确定方式

机组	参数	月份	自行检测				委托检测				未实测
			检测设备	检测频次	设备校准频次	测定方法标准	委托机构名称	检测报告编号	检测日期	测定方法标准	缺省值
1#机组	元素碳含量	xx年1月									
		2月									
		3月									
		…									
	低位发热量	xx年1月									
		2月									
		3月									
…		…									

D.4 排放量信息

全部机组二氧化碳排放总量（tCO$_2$）	

D.5 生产经营变化情况

包括：
a) 重点排放单位合并、分立、关停或搬迁情况；
b) 发电设施地理边界变化情况；
c) 主要生产运营系统关停或新增项目生产等情况；
d) 较上一年度变化，包括核算边界、排放源等变化情况；
e) 其他变化情况。

续表

D.6 编制温室气体排放报告的技术服务机构情况

本年度编制温室气体排放报告的技术服务机构名称：

本年度编制温室气体排放报告的技术服务机构统一社会信用代码：

D.7 提供煤质分析报告的检验检测机构情况

本年度提供煤质分析报告的检验检测机构/实验室名称：

本年度提供煤质分析报告的检验检测机构/实验室统一社会信用代码：

*¹ 按发电机组进行填报，如果机组数量多于1个，应分别显示。

附录 E

排放报告辅助参数计算方法

E.1 供热比计算方法

E.1.1 正算法

当存在锅炉向外直供蒸汽的情况时,供热比为统计期内供热量与锅炉总产热量之比,采用如下公式计算。

$$a = \frac{\Sigma Q_{gr}}{\Sigma Q_{cr}} \tag{E.1}$$

式中:a —— 供热比,以%表示;

ΣQ_{gr} —— 供热量,单位为吉焦(GJ);

ΣQ_{cr} —— 锅炉总产热量,单位为吉焦(GJ);

其中,

$$\Sigma Q_{cr} = (D_{zq} \times h_{zq} - D_{gs} \times h_{gs} + D_{zr} \times \Delta h_{zr}) \times 10^{-3} \tag{E.2}$$

式中:ΣQ_{cr} —— 锅炉总产热量,单位为吉焦(GJ);

D_{zq} —— 锅炉主蒸汽量,单位为吨(t);

h_{zq} —— 锅炉主蒸汽焓值,单位为千焦/千克(kJ/kg);

D_{gs} —— 锅炉给水量,单位为吨(t),没有计量的可按给水比主蒸汽为1∶1计算;

h_{gs} —— 锅炉给水焓值,单位为千焦/千克(kJ/kg);

D_{zr} —— 再热器出口蒸汽量,单位为吨(t),非再热机组或数据不可得时取0;

Δh_{zr} —— 再热蒸汽热段与冷段焓值差值,单位为千焦/千克(kJ/kg)。

当锅炉无向外直供蒸汽时，参考 DL/T 904 中的要求计算供热比，即指统计期内汽轮机向外供出的热量与汽轮机总耗热量之比，采用如下公式计算。

$$a = \frac{\Sigma Q_{jz}}{\Sigma Q_{sr}} \quad \text{(E.3)}$$

式中：a —— 供热比，以%表示；

ΣQ_{jz} —— 汽轮机向外供出的热量，为机组直接供热量和间接供热量之和，单位为吉焦（GJ）；机组直接供热量和间接供热量的计算参考 DL/T 904 中相关要求；

ΣQ_{sr} —— 汽轮机总耗热量，单位为吉焦（GJ）。当无法按照 DL/T 904 计算汽轮机总耗热量或数据不可得时，可按汽轮机总耗热量相当于锅炉总产热量进行简化计算。

E.1.2 反算法

当供热煤耗数据可得时，供热比可采用如下公式计算。

$$a = \frac{b_r \times Q_{gr}}{B_h} \quad \text{(E.4)}$$

式中：a —— 供热比，以%表示；

b_r —— 机组单位供热量所消耗的标准煤量，单位为吨标准煤/吉焦（tce/GJ）；

Q_{gr} —— 供热量，单位为吉焦（GJ）；

B_h —— 机组耗用总标准煤量，单位为吨标准煤（tce）。

E.1.3 CCPP 机组计算方法

对于燃气蒸汽联合循环发电机组（CCPP）存在外供热量的情

况，供热比可采用供热量与燃气产生的热量之比的简化方式，采用如下公式计算。

$$a = \frac{Q_{gr}}{Q_{rq}} \quad (E.5)$$

$$Q_{rq} = FC_{rq} \times NCV_{rq} \quad (E.6)$$

式中：a —— 供热比，以%表示；

Q_{gr} —— 供热量，单位为吉焦（GJ）；

Q_{rq} —— 燃气产生的热量，单位为吉焦（GJ）；

FC_{rq} —— 燃气消耗量，单位为万标准立方米（$10^4 Nm^3$）；

NCV_{rq} —— 燃气低位发热量，单位为吉焦/万标准立方米（GJ/$10^4 Nm^3$）。

E.1.4 数据的监测与获取

锅炉产热量、汽轮机组耗热量和供热量等相关参数的监测与获取参考 DL/T 904 和 GB 35574 的要求。相关参数按以下优先序获取：

a) 生产系统记录的实际运行数据；

b) 结算凭证上的数据；

c) 相关技术文件或铭牌规定的额定值。

E.2 发电煤（气）耗和供热煤（气）耗计算方法

E.2.1 正算法

发电煤（气）耗和供热煤（气）耗参考 GB 35574 和 DL/T 904 等标准，可采用如下公式计算。

$$b_f = \frac{(1-a) \times B_h}{W_{fd}} \quad (E.7)$$

$$b_r = \frac{a \times B_h}{Q_{gr}} \quad (E.8)$$

式中：a —— 供热比，以%表示；

b_r —— 机组单位供热量所消耗的标准煤（气）量，单位为吨标准煤/吉焦（tce/GJ）或万标准立方米/吉焦（$10^4 Nm^3/GJ$）；

b_f —— 机组单位发电量所消耗的标准煤（气）量，单位为吨标准煤/兆瓦时（tce/MW·h）或万标准立方米/兆瓦时（$10^4 Nm^3/MW·h$）；

Q_{gr} —— 供热量，单位为吉焦（GJ）；

W_{fd} —— 发电量，单位为兆瓦时（MW·h）；

B_h —— 机组耗用总标准煤（气）量，单位为吨标准煤（tce）或万标准立方米（$10^4 Nm^3$）。

E.2.2 反算法

供热煤耗是指统计期内发电设施每供出 1GJ 的热量所消耗的标准煤量，参考 GB 35574 和 DL/T 904 等标准方法计算。获取供热煤耗时，把 1GJ 供热量折算成标准煤 0.03412 tce，再除以管道效率、锅炉效率和换热器效率计算得出供热煤耗，采用如下公式计算。

$$b_r = \frac{0.03412}{\eta_{gl} \times \eta_{gd} \times \eta_{hh}} \quad (E.9)$$

式中：b_r —— 机组单位供热量所消耗的标准煤量，单位为吨标准煤/吉焦（tce/GJ）；

η_{gl} —— 锅炉效率，以%表示；

η_{gd} —— 管道效率，取缺省值99%；

η_{hh}— 换热器效率,对有换热器的间接供热,换热器效率取95%;如没有则换热器效率可取100%。

发电煤耗是指统计期内发电设施每发出 1MW·h 电能平均耗用的标准煤量,采用如下公式计算。

$$b_f = \frac{B_h - b_r \times Q_{gr}}{W_{fd}} \quad (\text{E.10})$$

式中:b_f —— 机组单位发电量所消耗的标准煤量,单位为吨标准煤/兆瓦时(tce/MW·h);

b_r —— 机组单位供热量所消耗的标准煤量,单位为吨标准煤/吉焦(tce/GJ);

Q_{gr} —— 供热量,单位为吉焦(GJ);

W_{fd} —— 发电量,单位为兆瓦时(MW·h);

B_h —— 机组耗用总标准煤量,单位为吨标准煤(tce)。

E.2.3 数据的监测与获取

相关参数按以下优先序获取:

a) 企业生产系统的实测数据;

b) 相关设备设施的设计值/标称值。

E.3 发电碳排放强度和供热碳排放强度计算方法

发电碳排放强度和供热碳排放强度可采用如下公式计算。

$$S_{fd} = \frac{E_{fd}}{W_{fd}} \quad (\text{E.11})$$

$$S_{gr} = \frac{E_{gr}}{Q_{gr}} \quad (\text{E.12})$$

$$E_{fd} = (1-a) \times E \quad (\text{E.13})$$

$$E_{gr} = a \times E \qquad (E.14)$$

式中：S_{fd} —— 发电碳排放强度，即机组每发出 1MW·h 的电量所产生的二氧化碳排放量，单位为吨二氧化碳/兆瓦时（tCO_2/MW·h）；

E_{fd} —— 统计期内机组发电所产生的二氧化碳排放量，单位为吨二氧化碳（tCO_2）；

W_{fd} —— 发电量，单位为兆瓦时（MW·h）；

S_{gr} —— 供热碳排放强度，即机组每供出 1GJ 的热量所产生的二氧化碳排放量，单位为吨二氧化碳/吉焦（tCO_2/GJ）；

E_{gr} —— 统计期内机组供热所产生的二氧化碳排放量，单位为吨二氧化碳（tCO_2）；

Q_{gr} —— 供热量，单位为吉焦（GJ）；

a —— 供热比，以%表示；

E —— 二氧化碳排放量，单位为吨二氧化碳（tCO_2）。

E.4 上网电量

上网电量是指统计期内在上网电量计量点向电网（或系统、用户）输入的电量，采用计量数据。上网电量通过与电网、外部系统或用户进行结算或销售的凭证进行交叉验证。无法获取分机组上网电量的，采用发电机出口变压器高压侧电表电量进行拆分，或按机组发电量进行拆分。没有结算数据的自备电厂，可通过以下方式获取或进行验证。

$$W_{og} = W_{fd} - W_{icy} + AD_{电} \qquad (E.15)$$

式中：W_{og} —— 上网电量，单位为兆瓦时（MW·h）；

W_{fd} —— 发电量,单位为兆瓦时(MW·h);

W_{icy} —— 综合厂用电量,单位为兆瓦时(MW·h);

$AD_{电}$ —— 外购电量,单位为兆瓦时(MW·h)。